FAK3 NEWS
O poder da mentira na sociedade contemporânea

Editora Appris Ltda.
1.ª Edição - Copyright© 2025 dos autores
Direitos de Edição Reservados à Editora Appris Ltda.

Nenhuma parte desta obra poderá ser utilizada indevidamente, sem estar de acordo com a Lei nº 9.610/98. Se incorreções forem encontradas, serão de exclusiva responsabilidade de seus organizadores. Foi realizado o Depósito Legal na Fundação Biblioteca Nacional, de acordo com as Leis nºs 10.994, de 14/12/2004, e 12.192, de 14/01/2010.

Catalogação na Fonte
Elaborado por: Dayanne Leal Souza
Bibliotecária CRB 9/2162

A447f 2025	Almeida, Edmundo Monteiro de
	    Fak3 news: o poder da mentira na sociedade contemporânea / Edmundo Monteiro de Almeida, Raimundo Peres. – 1. ed. – Curitiba: Appris, 2025.
	    176 p. : il. ; 23 cm.
	
	    Inclui referências.
	    ISBN 978-65-250-7149-7
	
	    1. Mentira. 2. Desinformação. 3. Comportamento. I. Almeida, Edmundo Monteiro de. II. Peres, Raimundo. III. Título.
	
	                                                                          CDD – 177.3

Appris
editora

Editora e Livraria Appris Ltda.
Av. Manoel Ribas, 2265 – Mercês
Curitiba/PR – CEP: 80810-002
Tel. (41) 3156 - 4731
www.editoraappris.com.br

Printed in Brazil
Impresso no Brasil

EDMUNDO MONTEIRO DE ALMEIDA
RAIMUNDO PERES

FAK3 NEWS

O poder da mentira na sociedade contemporânea

Curitiba, PR
2025

FICHA TÉCNICA

EDITORIAL	Augusto V. de A. Coelho
	Sara C. de Andrade Coelho
COMITÊ EDITORIAL	Marli Caetano
	Andréa Barbosa Gouveia (UFPR)
	Edmeire C. Pereira (UFPR)
	Iraneide da Silva (UFC)
	Jacques de Lima Ferreira (UP)
SUPERVISORA EDITORIAL	Renata C. Lopes
ASSESSORIA EDITORIAL	Bruna Holmen
REVISÃO	Ana Lúcia Wehr
PRODUÇÃO EDITORIAL	Sabrina Costa
DIAGRAMAÇÃO	Amélia Lopes
CAPA	Tiago Monteiro de Almeida
REVISÃO DE PROVA	Daniela Nazario

"A Verdade saindo do poço
Armada do seu chicote para castigar a humanidade"

A Mentira viaja ao redor do mundo, vestida como a Verdade.

A mundialmente famosa pintura "A Verdade saindo do poço", Jean--Léon Gérôme, 1896.

Uma antiga parábola:

Segundo uma lenda do século XIX, a Verdade e a Mentira se encontram um dia.

A Mentira diz à Verdade: "Hoje é um dia maravilhoso!".

A Verdade olha para os céus e suspira, pois, o dia era realmente lindo. Elas passaram muito tempo juntas, chegando finalmente ao lado de um poço.

A mentira diz à verdade: "A água está muito boa, vamos tomar um banho juntas!" A verdade, mais uma vez desconfiada, testa a água e descobre que realmente está muito gostosa. Elas se despiram e começaram a tomar banho. De repente, a Mentira sai da água, veste as roupas da Verdade e foge.

A Verdade, furiosa, sai do poço e corre para encontrar a Mentira e pegar suas roupas de volta.

O mundo, vendo a verdade nua, desvia o olhar, com desprezo e raiva.

A pobre Verdade volta ao poço e desaparece para sempre, escondendo-se nela, sua vergonha.

Desde então, a Mentira viaja ao redor do mundo, vestida como a Verdade, satisfazendo as necessidades da sociedade, porque, em todo caso, o Mundo não nutre nenhum desejo de encontrar a Verdade nua.

O tempo das verdades plurais acabou.
Vivemos no tempo da mentira universal.
Nunca se mentiu tanto.
Vivemos todos os dias na mentira

José Saramago

PREFÁCIO

Raimundo Peres e Edmundo Monteiro de Almeida, juntos, têm a grata satisfação de apresentar um estudo didático e sociológico que se adentra muito além da mera exposição do tema das notícias falsas.

Este livro é fruto de uma pesquisa incansável e rigorosa, uma verdadeira peregrinação em busca de clareza e compreensão, dialogando com especialistas de múltiplas áreas do saber.

Eles têm como propósito desvendar e expor as estratificações ocultas que dão vida à produção e propagação das *fake news*.

Os autores apresentam uma série de conceitos para a reflexão do comportamento dos agentes quer sejam propagadores ou receptores de *fake news*, a fim de que os leitores possam entender melhor este fenômeno que cresce de forma exponencial.

A cada capítulo, são propostas análises que se destacam pelo compromisso com a verdade, fundamentada em provas e avaliações meticulosas.

Artigos e conceitos criteriosamente escolhidos são tecidos ao longo do texto, conferindo robustez à narrativa que se desenrola.

Esta obra literária não apenas incorpora, mas também dialoga com textos, perspectivas e narrativas de personalidades notórias, estabelecendo um espelho frente às ramificações das *fake news* em nossa existência diária.

Embora o vernáculo *fake* seja um rebento da modernidade, o ato de disseminar inverdades é um artefato tão antigo quanto o ato de se comunicar.

Este tratado não é somente um convite à introspecção crítica; é um chamado ao despertar para os perigos que as notícias fraudulentas representam em uma sociedade cada vez mais conectada. Aspiramos que a leitura deste livro não seja apenas um ato de se informar, mas um vetor de transformação, incitando uma incessante busca pela verdade. Os autores com profundo entendimento enobrecem esta significativa obra e colocam à disposição de vocês.

Alfredo Passos

Professor Universitário

Um agradecimento especial a Ezequiel Boita, Ministro e Conferencista da Palavra de DEUS, apaixonado por sua palavra, um homem que vive dos princípios, em propósitos e honra de DEUS.

SUMÁRIO

PRÓLOGO 13

CAPÍTULO 1
O SURGIMENTO DAS *FAKE NEWS* E SUAS CONSEQUÊNCIAS SOCIAIS 17

CAPÍTULO 2
O MOVIMENTO SOCIOLÓGICO DAS *FAKE NEWS* 23

CAPÍTULO 3
AS MÍDIAS SOCIAIS 29

CAPÍTULO 4
CRENÇAS DISFUNCIONAIS 33

CAPÍTULO 5
A RELAÇÃO ENTRE *FAKE NEWS*, SOFISMAS E SIMBIOSE 39

CAPÍTULO 6
O MITO DA MENTIRA 45

CAPÍTULO 7
A MENTIRA É UMA FANTASIA 51

CAPÍTULO 8
A ORQUESTRAÇÃO DA MENTIRA 57

CAPÍTULO 9
A VERDADE NA MENTIRA 61

CAPÍTULO 10
A MENTIRA ATUALMENTE VIROU NEGÓCIO? 65

CAPÍTULO 11
OCORRÊNCIAS BÍBLICAS E AS *FAKE NEWS* 69

CAPÍTULO 12
A DISSONÂNCIA COGNITIVA (DC) E AS *FAKE NEWS*...........................81

CAPÍTULO 13
"AS *FAKES NEWS* PROSPERAM NA AUSÊNCIA DE TOLERÂNCIA"
(BRAGA, 2018)... 87

CAPÍTULO 14
ESTAMOS VIVENDO UMA INVERSÃO DE VALORES.......................... 93

CAPÍTULO 15
O SHOW ESTÁ NAS MÃOS DAS REDES SOCIAIS............................ 97

CAPÍTULO 16
OS PERIGOS DAS *FAKE NEWS*...................................101

CAPÍTULO 17
COMO LIDAR COM AS *FAKE NEWS*.............................. 105

CAPÍTULO 18
PASSADO PRESENTE E FUTURO................................... 111

CAPÍTULO 19
QUAIS OS REAIS OBJETIVOS DAS *FAKE NEWS*?......................117

CAPÍTULO 20
O HUMOR E AS *FAKE NEWS*................................. 123

CAPÍTULO 21
O PROCESSO KAFKANIANO..................................... 129

CAPÍTULO 22
O EFEITO RADIAL DAS *FAKE NEWS* E O PAPEL DA IMPRENSA...............133

CAPÍTULO 23
UM MUNDO NOVO. O POPULISMO................................. 139

CAPÍTULO 24
AS *FAKE NEWS* NO MUNDO 143

CAPÍTULO 25
ESPAÇO TEMPO E RELACIONAMENTO 147

CAPÍTULO 26
PARTICIPAÇÃO DA SOCIEDADE 151

CAPÍTULO 27
UMA LEI E UM QUESTIONAMENTO 157

CAPÍTULO 28
ENTÃO O QUE FAZER? 161

CAPÍTULO 29
O QUE ESTÁ POR VIR 165

EPÍLOGO 171

REFERÊNCIAS 173

PRÓLOGO

Antes de iniciar a leitura deste livro sobre a importância das *fake news*, gostaríamos de colocar o nosso pensamento pessoal sobre a origem deste fenômeno social que afeta todo o mundo, inclusive nós, autores. Mais que questionamentos, a proposta deste livro não é uma narrativa ficcional ou uma avaliação pessoal; são informações sustentadas em artigos, fatos e considerações editadas na imprensa brasileira.

Realizamos também pesquisas com neurologistas, filósofos, sociólogos, psicólogos e outros especialistas em funcionamento da mente humana e seus processos de interação com o mundo, a fim de entendermos o comportamento dos indivíduos no processo de produção e absorção de *fake news*. A nossa pesquisa se aprofundou em procurar entender a aceitação e compreensão comportamental da evolução da mentira e seus impactos na sociedade.

Alguns desses artigos e conceitos, incluindo os *fake news*, serão utilizados para complementar e justificar a narrativa conceitual deste livro. Nas considerações, ao longo deste compêndio, vamos incorporar textos, opiniões e relatos de figuras públicas sobre as *fake news* e suas implicações.

Ainda que o tema "*fake*" seja relativamente novo, notícias falsas não são novidade, sempre foram utilizadas; novidade são os estrangeirismos utilizados atualmente na língua portuguesa. Não obstante, independentemente do tempo e da época, só mudou o nome. Ainda assim, não podemos desconsiderar que é um fenômeno social, mesmo quando, no seu contexto, predominam histórias e narrativas falsas.

Esperemos que a sociedade acorde e tenha noção dos riscos sociais e políticos que esse movimento geopolítico acarreta. O ônus é pesado, principalmente, no longo prazo. Pode parecer uma guerra de opiniões e um movimento pontual, mas acreditem: essa não é a realidade.

Na verdade, estamos vivenciando uma inversão de valores, um universo medíocre de uma casta de beneficiários. Isso sem falar das universidades pouco preocupadas com a capacitação, dos chamados artistas e pseudointelectuais, igualmente comprometidos por uma falsa aura de imparcialidade e neutralidade midiática, polemizando, subvertendo e manipulando notícias, mais preocupados em denegrir e disseminar o ódio e o confronto, do que noticiar sem viés político.

Diante da aceitação desta realidade vivencial, temos que considerar implicações morais ou éticas. Ainda que esse critério possa e deva ser questionado, a realidade do cotidiano da sociedade mostra-nos que a vida é construída em cima de verdades e mentiras, de máscaras que utilizamos para ser aceitos ou nos proteger, como um escudo defensor de identidade.

Quando queremos entender e explicar um fenômeno social como as *fakes*, torna-se necessário determinar o foco, a essência do problema, para poder compreender a sua progressão. Com algumas ressalvas, ainda podemos associar a uma forma de comunicação, o que não significa, necessariamente, uma quebra das normas e dos princípios da ética e do respeito.

A relação das máscaras com a vida, com a mentira, é quase uma exigência social, é como um espelho que não reflete a verdade, apenas a sobrevivência no âmbito da vida social e corporativa, em que cada um de nós, como atores, desempenhamos um papel na vida. A máscara também pode representar uma fuga, uma alternativa à irresponsabilidade do ato.

As *Fake News* passam a ser uma ferramenta de pós ou pré-verdade, por meio de um processo de simbiose, de transformação, mostrando amor quando há ódio, paz quando há raiva, tranquilidade quando há insegurança.

Com isso, estamos falando da utilização tranquila da mentira social, na criação do perfil da informação, do consumo ou da verdade omitida, por meio de um passaporte para validar e atender a necessidade de uma imagem positiva, alinhada ou diante de determinado núcleo de referência. Nem sempre esta realidade tem conteúdo tendencioso, assim, com a desculpa de os meios justificarem os fins. Dessa forma, a mentira passa a ser adotada como verdade absoluta.

De acordo com os pesquisadores do Massachusetts Institute of Technology (MIT), nos Estados Unidos, foi constatado que a chance de uma notícia falsa ser repassada é consideravelmente maior que a de uma verdadeira, considerando que uma informação falsa é 70% maior do que a de republicar uma notícia verdadeira.

No decorrer deste livro, vamos tentar entender algumas diferenças e critérios na utilização das *Fake News*, principalmente a motivação da sua utilização indiscriminada por figuras públicas e políticos, divulgando, por meio das plataformas e redes sociais, conteúdos falsos para promover anúncios e conteúdos contrários à realidade, inclusive de foro ideológico. Ainda que se tente minimizar a sua utilização como uma brincadeira, as consequências são imprevisíveis e desastrosas.

Espero que esta pequena introdução ajude os leitores a entenderem a complexidade da metamorfose da vida, por meio das realizações, dos desejos, das dificuldades, da autoafirmação. Talvez uma retrospectiva pessoal de cada um dos leitores ajude a entender e a desculpar as fraquezas questionáveis da vida no mundo em que vivemos.

la directio
l'administra
pénitentiaire

en quartier de
n revanche, le dicalisa-
mpossible à
ffisant.
vert ses
2018,

entrés n'en sont pas en
tis... « Cela ne se fait pas en
jours de démonter l'apparen
trinal de Daech », plaide-t-
L'objectif est de pouvoir les re
recteur associé Wyman. Certa
liales-pourr
conviec
teur
lia

l'associa-
l'abri de bonnes su, en re
budget « est sou effi
risé », note Berna
ment de
chigneront
dre.
anxiogènes,
as le moral.
ux se disent
r de la situa-
u pays, con
plu
ecteur
s

CAPÍTULO 1

O SURGIMENTO DAS *FAKE NEWS* E SUAS CONSEQUÊNCIAS SOCIAIS

As *fake news* na verdade não são uma coisa dos tempos modernos. Originalmente denominadas de "mentiras", elas existem desde a Roma Antiga, 33 anos A. C. Contam os historiadores que Marco Antônio sofreu uma campanha difamatória desenvolvida por Otaviano, colocando em dúvida a sua lealdade a Roma, por conta dos ciúmes que ele tinha de Cleópatra. Em represália, o casal (Marco Antônio e Cleópatra) questionou a origem de Otaviano, que se dizia parente de Júlio César, mas, na verdade, era somente por parte de mãe.

O termo *fake news*, assim denominado, ganhou força no século XXI, mais precisamente em 2016, nos Estados Unidos, com a campanha de Donald Trump, e, no Brasil, a partir das eleições de 2018, fraudando a notícia a partir das plataformas sociais e das tecnologias sociais que vieram a favorecer a difusão massiva dos enunciados, passando a exercer um grande poder viral, espalhando-se rapidamente e fazendo com que as pessoas viessem a consumir o conteúdo noticioso sem confirmar a veracidade da sua origem.

Convém atentarmos que a desinformação é um ambiente de comunicação oposto à informação. Diversos pesquisadores, contudo, argumentam que é contrassenso considerar *fake news*, já que, por definição, notícias pressupõem veracidade. Nas *fake news*, no modo de entender desses pesquisadores, as informações são descontextualizadas com o objetivo de provocar a desinformação, que, no seu sentido mais amplo, seriam formas de difusão de mentiras com intenção de causar danos.

Normalmente, as informações falsas trazem sempre um substrato emocional, provocativo ao leitor, que absorve a informação sem confirmar a veracidade do seu conteúdo, e se propagam rapidamente, em especial nos últimos anos, depois da explosão das redes sociais, numa escala incomensurável. Com a desinformação, a capacidade social de distinguir fato de opinião vem causando significativo dano ético e moral, enganando e manipulando pessoas ou públicos, com fins inescrupulosos.

Toda e qualquer pessoa, nos tempos modernos, tem condições de dar sua opinião e expor seu conhecimento, fruto da revolução provocada pela internet e interconectividade, movimentos esses amplificados pelas redes sociais e pela evolução das ferramentas de blog. Dessa forma, a comunicação deixou de ser propriedade seletiva de certos segmentos, para ganhar várias vozes, e a abordagem dos fatos e/ou das informações deixa de ser unilateral. Ao mesmo tempo que a comunicação passa a ser democratizada, dando voz ativa a todas as pessoas, trouxe em seu bojo aspectos positivos e negativos, pois a veracidade pode ser distorcida, e a visão parcial, altamente questionável.

Outro relevante aspecto a ser levantado, fruto do crescimento das vozes conectadas e on-line, é a confusão que começou a surgir, não raramente, de conceitos sobre artigo, matéria, notícia e reportagem. Conforme os especialistas em comunicação:

"Artigo é uma publicação que contém essencialmente uma opinião, uma visão parcial de algo. Pode vir carregada de referências de outros sites, revistas, livros e pesquisas, mas é basicamente a opinião do autor sobre determinado assunto" (Renato Galisteu, Head of Marketing @ Cure: One app all things health).

Ainda segundo Renato Galisteu:

> [...] os blogs deram o pontapé inicial para as diversas opiniões e interpretações de notícias, e, as redes sociais que permitem postagens longas (como o Facebook), conseguiram arrematar as hiperconexões. O Twitter fez com que frases de efeito ganhassem poder e mantras. E o LinkedIn mais recentemente, com o Long Post, angariou alguns bons articulistas para compartilhar conhecimento (o Long Post é o blog do LinkedIn).

Assim como as colunas jornalísticas, os artigos são normalmente opinativos, usando-se, muita das vezes, figuras de pessoas para compartilhar informações e, sendo visão dos articulistas, podendo dar margem à proliferação de *fake news*.

Conclusivamente, Renato Galisteu afirma que "notícia é relato de um acontecimento atual, de interesse público geral ou de determinado segmento da Sociedade"; que, nos últimos anos, vêm sendo distorcidas a interesse da fonte emissora, especialmente depois da grande força de influência que passou a ter na política, como podemos perceber no Brasil nos últimos anos. Ressalte-se que as notícias acompanhadas de opiniões pessoais distorcidas, mesmo contextualizadas, dirigidas a pessoas com crenças disfuncionais – como veremos adiante –, transformam-se em informações danosas.

Quando uma reportagem/matéria é tendenciosa, ou seja, pega apenas um ponto e destrincha-o para achar um culpado improvável ou menos complexo e mais fácil, tem sempre a intenção de produzir danos aos envolvidos no conteúdo da notícia.

A disseminação de notícias falsas, como já foi dito, sofreu um grande aumento com a Revolução Digital, usando-se algoritmos para que se atinja grandes públicos que aumentam substancialmente seu alcance e repercussão. A crença de determinados públicos-alvo com pensamentos estereotipados comuns, que acreditam em determinadas ideias, torna um terreno propício à reprodução de posicionamentos radicais entre as pessoas.

Tal situação se transforma em uma arma letal, usada como instrumento político nas eleições, iludindo, com a desinformação, para que eleitores optem por um candidato ou uma situação política, conforme certos exemplos que veremos mais adiante.

Não é por menos que 70% de uma notícia falsa têm maior poder de propagação do que uma verdadeira, confirma pesquisa do MIT - Instituto de Tecnologia de Massachusetts.

Portanto, diante da pesquisa do MIT, podemos inferir que a mentira seduz mais que a verdade, e, por conta disso, a inteligência artificial (IA) veio a contribuir nesse processo, exacerbando, em escala, velocidade e alcance, a técnica de manipulação de informações, com vídeos e imagens que os estudiosos no assunto denominam de "*deepfake*".

Esses especialistas afirmam que os *deepfakes* são atraentes porque mexem com o imaginário das pessoas, que, influenciadas cada vez mais por imagens, tornam esse processo em um estágio mais avançado das chamadas *fake news*, ou indústria da desinformação, medida cada vez mais por nossa visão – pontua o especialista Anderson Robe, membro da Comissão Especial de Privacidade da OAB-SP. Afirma que a deliberação de circular mais *deepfakes* no ambiente digital não é, necessariamente, a de convencer que algo é de fato verdadeiro, e sim de servir de gatilho.

Ainda de acordo com o pesquisador, esse novo estágio das *Fake News* pode intensificar-se mais, visto que a tecnologia vem evoluindo em níveis extremos, num curto espaço de tempo. "Quanto mais evoluem e amadurecem esses sistemas de Inteligência Artificial (IA), torna-se mais difícil para um olho treinado fazer esse diagnóstico", complementa Robe, que também é membro do Legal Grounds Institute e Fellow do Think Tank e da Associação Brasileira de Empresas de Software no Grupo de Inteligência Artificial (Abes).

> O uso da IA generativa em campanhas políticas possui dupla função, tanto positiva quanto negativa, podendo servir de ferramenta de estímulo e engajamento dos eleitores, como também de ampliação e polarização política, introduzindo novos perigos e ameaças, a exemplo da massificação da desinformação de fraudes e manipulação dos resultados das eleições (conclui Anderson Robe).

Desvio de condutas ilícitas sempre vão existir, independentemente do nível de tecnologia aplicada. Portanto, não são válidas restrições à utilização de tecnologias específicas. Contudo, nada impede – aliás, é recomendável – que se estabeleça um processo de regulação, sem parcialidade e conotações políticas extremistas, partidárias, realizadas por juristas e técnicos especializados no assunto.

"Prevendo-se as eleições de 2024, uma legislação da Inteligência Artificial é discutida com o Projeto de Lei 2338/23 sem, contudo, se inibir ou reprimir o avanço benéfico da tecnologia" (Pedro Sanches, especializado em Direito Digital, privacidade e proteção de dados pela Universidade Estadual do Rio de Janeiro).

Não obstante suas inúmeras vantagens, a IA, como já vimos, apresenta significativos riscos pela capacidade de criar as *deepfakes* com informações falsas ou enganosas. Deve, na verdade, transformar-se num instrumento de combate às *fake news*, desenvolvendo mecanismos capazes de detectar e sinalizar informações que não condigam com a verdade. Dentro do objetivo de implementar programas de combate a informações falsas, várias plataformas de mídia social vêm desenvolvendo esforços para identificar e marcar conteúdo enganoso.

As *fake news* se transformaram em um grande mercado em que profissionais, tais como ex-jornalistas, publicitários, pseudo profissionais de marketing, especialistas em informática/tecnologia e até mesmo policiais, atuam produzindo e veiculando conteúdos enganosos, alimentados por pessoas de grande influência e, em certas ocasiões, como nas campanhas políticas, para propagação deste tipo de conteúdo viral. Esses *players* de mercado chegam a comprar de forma ilegal os endereços, e-mails e telefones celulares de milhões de pessoas, geralmente líderes de grupos e comunidade, religiosos, formadores de opiniões, para disparar conteúdos falsos, como se fossem verdadeiros, pedindo aos recebedores que compartilhem essas informações e formando uma verdadeira espiral comunicativa.

Como uma forma profilática de combate às *fake news* nas eleições, a Ordem Executiva sobre o Desenvolvimento e Uso Seguros, Protegidos e Confiáveis da Inteligência Artificial, decretada pelo presidente Joe Biden, em 30 de outubro de 2023, e o Código de Conduta Internacional do Processo de Hiroshima para Sistemas Avançados de IA firmado pelo G7 surgem como faróis de orientação para a caminhada regulatória da IA mundialmente. Em um artigo intitulado "Can Sunak's big summit save *us from AI nightmare?*", que trata dos desafios e das oportunidades que a IA representa no cenário eleitoral, a BBC explorou o tema sobre o aspecto da segurança. Essa conferência foi realizada entre os dias 01 e 02 de novembro de 2023.

> Há um desejo global de se regular a IA na busca não somente de mitigar ou reduzir os riscos propostos pela IA, mas também beneficiar-se de forma segura e responsável das inovações proporcionadas pelas tecnologias da informação, ressaltando-se a importância da multissetorialidade ao incluir todas as partes interessadas na discussão regulatórias ressaltam (Joelson Dias e Ana Rosa)[1].

Bem-vindos à realidade.

---

[1] Joelson Dias é sócio do escritório Barbosa e Dias Associados, em Brasília, e Ana Rosa é graduanda em Direito pela Universidade Estadual da Paraíba.

CAPÍTULO 2

O MOVIMENTO SOCIOLÓGICO DAS *FAKE NEWS*

Entender esse fenômeno das *Fake News* sobre o aspecto sociológico, um movimento atemporal, envolvendo um universo de pessoas e associações, independente de bandeiras políticas, ainda que elas hoje sejam um dos principais focos da notícia, é de fundamental importância e leva-nos às seguintes indagações:

De onde vieram e como começaram?

O que elas representam socialmente?

O que ganham os seus usuários na sua divulgação?

Como o processo das *Fake News* acontece?

Como elas atuam na mente do agente receptor?

Como os neurologistas, psicólogos sociais, filósofos, sociólogos e outros estudiosos explicam esse fenômeno?

A comunicação é a base civilizatória da sociedade, é a forma correta de os seres humanos interagirem, se relacionarem, compartilhando experiências, cultura, conhecimentos, de forma sinergética, todos colaborando para um mundo melhor. Comunicar é um direito democrático absoluto, desde que feito com responsabilidade.

Para entendermos melhor o processo das *Fake News*, precisamos estar atentos a três fenômenos: a pós-verdade, o negacionismo e a falsidade.

A pós-verdade não constitui um novo tipo de verdade, mas uma forma de descredibilizar o modo de justificação da verdade.

O negacionismo científico, em particular, nega não apenas teses científicas, mas nega, sobretudo, os próprios procedimentos de investigação científica.

A falsidade das notícias inverídicas reside em seu caráter ideológico.

Se analisarmos com atenção, percebemos que a maioria das *fakes* estão ligadas a questões e movimentos políticos, envolvendo narrativas sobre fatos, guerras, governantes e governos, numa disputa pelo poder e pela verdade, por meio da mentira.

Queremos notícias apartidárias, queremos críticas construtivas, queremos responsabilidade sobre os fatos noticiados sem interpretações pessoais, passionais, queremos respeito à sociedade, à pluralidade, ao direito do contraditório, à igualdade de direitos sem dois pesos e duas medidas. Queremos o direito à liberdade. Somos contra os que se aproveitam do anonimato dessa liberdade para, no escuro da sua covardia, escrever as suas excreções e infâmias.

Somos a favor do pensamento positivo, da liberdade sem demagogia, do senso crítico; não da impunidade. Basta de shows; precisamos encerrar esse nocivo espetáculo pirotécnico e midiático da desinformação. Transparência: só assim vamos conseguir uma sociedade mais justa, plural e consciente.

É difícil avaliar, porém, ainda assim, acreditamos que a resposta não pode ser subjetiva; ela está sujeita a interpretações condicionadas, ao perfil de quem as utiliza e para quê.

É um erro grave fazer acusações públicas, apontar um delito, principalmente, quando não se tem a origem do crime na pessoa ou nas pessoas mentoras deste crime, ou seja, os verdadeiros culpados, considerando que dar uma opinião ou questionar uma lei ou uma entidade não é crime, apenas para quem faz a censura.

A origem até é previsível quanto à motivação (o cala boca), quanto a autoria é discutível; isso se torna mais difícil, porém isso não é impedimento de quem julga para penalizar.

A banalização das redes sociais digitais tem proporcionado que os indivíduos sem ética e de moral questionada, interajam com outros usuários, opinando sem limites, desrespeitando pessoas, religiões, crenças e valores, produzindo conteúdos sem conhecimento, divulgando informações nocivas à sociedade e à democracia.

A liberdade de expressão, mesmo sendo um direito de cada cidadão, é um direito que deve ser usado com respeito e parcimônia, e nunca como alternativa ou forma radical para justificar comportamentos prejudiciais ou ilegais.

O mundo da comunicação agradece o benefício da internet, as empresas, os consumidores são gratos, a dinâmica da informação agradece, mesmo sabendo que o problema está na forma e manipulação do seu conteúdo, da sua utilização.

Descartando a censura, a repressão, temos que avaliar os limites, as questões éticas, as liberdades individuais, evitando que essas mesmas liberdades não prejudiquem terceiros nem afetem a liberdade de expressão.

Diante do cenário político, as regras da pseudodemocratização, da liberdade de expressão, são uma falácia, um tapa-olho para limitar e calar o que não querem que seja divulgado.

A utilidade dessa ferramenta, na qual você pode ler o que quiser, escrever o que quiser (sem calúnias e ofensas morais), apequena-se diante de um cenário obscuro e promíscuo, apoiado e compartilhado por redes de informação comprometidas ideológica até monetariamente, esquecendo o objetivo principal da informação: os seus leitores.

Estamos convivendo com organizações políticas e falsos profetas da verdade. As redes digitais e até mesmo grandes veículos midiáticos estão infestados de mentiras.

Estamos vivendo um dilema, infelizmente apoiado e utilizado por líderes e figuras notórias que usam a ferramenta de poder como uma verdade absoluta.

A sociedade está confusa, reclama, começa a avaliar a verdade, mas não é o suficiente. A história nos ensina como essas ferramentas nocivas quase destruíram o mundo e como elas continuam a ser propagadas e utilizadas.

O mundo mudou, a sociedade mudou, mas não o suficiente para entender como esse movimento endêmico se instala na sociedade, por meio do imediatismo e da memória curta. O radicalismo está cada vez mais presente, na família, no trabalho, na sociedade, no governo; todos são donos da verdade, e quem não concordar é nosso inimigo.

Parece uma torcida de futebol. Até ministro da mais alta corte toma chá ou café numa caneca com o logo de um time de futebol. Para os mais atentos, uma atitude subliminar de duplo sentido, considerando que numa das últimas manifestações, um dos grupos pseudodemocráticos vestiam camisas do mesmo time de futebol, o mesmo da caneca do ministro. Afinal, estamos falando de torcida organizada, de alianças, ou de justiça e de liberdades democráticas?

Apenas arranhando a superfície da psicologia e da sociologia, já é perceptível o quão enraizada a prática de inventar e espalhar boatos está na sociedade – afirma Sophia Gama, numa reportagem feita para a CMC (Câmara Municipal de Curitiba). "Vale lembrar que a espécie humana é acima de tudo social e como tal o indivíduo deseja estar inserido em um tecido social de informações" – acentua o psicólogo Akim Neto – e acrescenta o quanto está enraizada na sociedade brasileira a prática da fofoca.

Que as *fake news* vieram para ficar, todo mundo já sabe, mas por que elas ainda conseguem enganar tantas pessoas? Por que as *fake news* mexem tanto com as nossas emoções?

Segundo o psicólogo e professor universitário William Mac-Cormick Maron, as *fake news* são produzidas para evocar uma paixão naquele que lê, ou seja, provocar sensações irracionais.

> Essas *fake news* movimentam paixões, questões nossas que já estavam lá aprofundadas, e ganham potências com as nossas crenças, afirmando que o cérebro tende a absorver com mais facilidade ideias que confirmem suas opiniões, enquanto repele aquelas que são mais desafiadoras.

Maron ressalta ainda que, tecnicamente falando, quando tratamos de uma paixão de um indivíduo, não é no sentido romântico da palavra, mas, sim, no de sentimentos e convicções. Nesse sentido, as *fake news* apenas legitimam questões pessoais, registrando que sejam verdadeiras por reafirmarem o que elas creem.

Há que se ressaltar que a "modernidade" estimula um cenário de incertezas constantes nas quais vivemos. "O desmantelamento das estruturas antigas nas quais a sociedade estava alicerçada trouxeram muita incerteza e insegurança à pessoa comum", conclui o professor Neto.

Para o professor do Departamento de Informática da PUC-Rio, Daniel Schwabe, o público não conhece os meios pelos quais pode ser manipulado na internet. "Em relação às mídias tradicionais, as pessoas já aprenderam a identificar sinais de demagogia", diz. "Nesse cenário de novos canais, há uma certa vulnerabilidade porque não se sabe medir a absorção da informação que se recebe". Segundo ele, é necessário criar uma cultura de questionamento.

A educação virtual é uma arma importante para detectar informações falsas no noticiário, segundo especialistas. Essa "alfabetização" deve contar com esforços de vários setores da sociedade, para evitar que as chamadas *fake news* tumultuem o debate público, como ocorreu na corrida eleitoral americana e na votação pela saída do Reino Unido da União Europeia.

CAPÍTULO 3

AS MÍDIAS SOCIAIS

As mídias sociais podem também ser utilizadas simplesmente como **plataforma de relacionamento**, não somente como um canal de publicidade. Podem, também, contornar crises, problemas ou dificuldades que são hoje um ato natural num mercado cada vez mais globalizado e competitivo, principalmente como forma de aproximação com seu público consumidor.

Mais que uma forma de relacionamento, as mídias sociais podem ser utilizadas como um pilar estratégico de negócios, por meio de uma pesquisa constante junto aos seus usuários, procurando conhecer seus hábitos, seus desejos e suas necessidades, desenvolvendo produtos e serviços que possam atendê-los.

A internet foi criada em 1969, nos EUA, para melhorar a comunicação entre pesquisadores e militares durante a Guerra Fria. Após um longo período sob domínio do governo e da academia, a rede foi liberada para uso comercial em 1987. Então, no início dos anos 1990, os fóruns emergiram junto do Bulletin Board System (BBS), um sistema que permitia a troca de mensagens e arquivos. Pouco tempo depois, surgiu a primeira rede social de fato: lançado, em 1997, a **Six Degrees** inaugurou a prática de criar perfis on-line, adicionar amigos e compartilhar conteúdos. A partir de então, surgiram as mídias sociais como conhecemos.

Entre os anos 1990 e 2000, com a explosão do Face book, as redes sociais passaram a desempenhar um papel significativo na formação de relacionamentos, na disseminação de ideias e até mesmo no ativismo político, fortalecendo laços sociais e promovendo um senso de comunidade global.

No caso do Brasil, a primeira mídia social de sucesso foi o Orkut. Graças a um bom aproveitamento de momento e a uma estratégia de popularização baseada na necessidade de convites por outros usuários, o Orkut despertou interesse do brasileiro e se popularizou.

As redes sociais possibilitam aos indivíduos o acompanhamento em tempo real das últimas tendências, atualidades e de acontecimentos. O perigo é que elas passaram a ser também um vetor de divulgação de *fake news*. Por isso, é de suma importância que os seus usuários desenvolvam habilidades de discernimento crítico para avaliar a veracidade e a confiabilidade das informações encontradas nas redes sociais.

Por meio de movimentos como *#MeToo, Black Lives Matter e Fridays for future*, as pessoas ganharam destaque e mobilizaram milhões de indivíduos em todo o mundo, graças à amplificação e disseminação rápida de mensagens por meio das redes sociais. Elas têm o potencial de dar voz a grupos marginalizados, permitindo que suas histórias e demandas sejam ouvidas em escala global.

Os setores mais ativos de utilização são indústria, serviços, varejo, bens de consumo, transportes, tecnologia, mídia & telecomunicações.

Embora as redes sociais tragam benefícios significativos, também existem desafios e preocupações associados ao seu uso. O vício em redes sociais, por exemplo, pode afetar negativamente a saúde mental e emocional das pessoas, levando a problemas como ansiedade, depressão e isolamento social. Além disso, a disseminação de informações falsas e a propagação de discursos de ódio são questões importantes que precisam ser abordadas, garantindo que as plataformas sejam um espaço seguro e saudável para os usuários.

O mundo se tornou digital; cada vez mais pessoas migram para a internet em busca de entretenimento e conteúdo de qualidade. E os investidores e empreendedores mais "antenados" acompanham esse movimento. Uma característica relevante é a acessibilidade por aparelhos eletrônicos. Isso inclui desde computadores, desktops até aparelhos móveis como celulares e tablets.

Segundo o Statista, são **três bilhões de usuários ativos mensais**. Um terço da população mundial utiliza a internet. Todas essas pessoas têm um perfil on-line e estão trocando mensagens, fazendo comentários e compartilhando conteúdos diariamente.

Hoje, os consumidores têm voz. As mídias sociais proporcionaram a multilateralidade. Por meio delas, a sociedade pode conectar-se e interagir e não mais depende das mídias convencionais para se manter informada. As mídias sociais são *websites* e aplicativos de comunicação que conectam pessoas em todo o mundo. Também conhecidas como redes sociais, as mais populares atualmente são WhatsApp, Facebook, YouTube e Instagram. Por meio da internet, conectam-se com o mundo, **transcendendo** barreiras, proporcionando a utilidade de espaço, tempo e lugar.

Elas permitem, ainda, que amigos, familiares e até desconhecidos se conectem democraticamente, compartilhem informações e experiências e mantenham contatos regularmente, ultrapassando barreiras culturais e geográficas.

Diante dessa realidade, pergunto: as *fake news* são uma realidade do presente ou uma prática que sempre fez parte das sociedades no passado e no presente?

A resposta é clara: sempre estiveram presentes, talvez com menor intensidade, de forma limitada com outro nome; apenas os meios de comunicação mudaram, permitindo uma maior divulgação e abrangência, no caso específico das mídias digitais.

O que não podemos esquecer são as mudanças comportamentais, a chamada liberdade de expressão, que, por motivos de ordem cultural, são utilizadas nas suas práticas de maneira abusiva e irresponsável. Mudanças condenáveis, ainda assim, aproveitadas politicamente, por grupos para cercear movimentos políticos, movimentos contrários à divulgação de fatos que afetam as liberdades da sociedade.

Não podemos simplesmente punir ou colocar tudo no mesmo balaio; temos que ter bom senso, educar a sociedade com critérios, com justiça de fato, sem radicalismos, sem atos ditatoriais. Para isso, contamos com o apoio dos meios midiáticos de comunicação, uma informação baseada em fatos imparciais, como num exercício da crítica, como uma informação comprometida com a realidade, com uma informação orientada para o não conflito, para a convergência, com respeito e apoio da sociedade; não uma informação comprometida, autoritária e mal conduzida, por meio de um conteúdo despótico e antidemocrático, que finge proteger os cidadãos, quando, na realidade, o intuito é penalizar todo aquele que abrir a boca para discordar de narrativas políticas e ideológicas, aliás, uma prerrogativa constitucional.

Histórias, opiniões e questionamentos não são necessariamente *Fakes*, são comentários, desabafos, histórias e realidades que podem até ser escolhidos dentro do contexto por várias mídias diferentes. Imputar e incentivar críticas à internet sem identificar as origens e intenções de conteúdos extremistas é fechar os olhos à realidade.

Nesse sentido, o mais importante será criar programas educacionais sobre o uso consciente da internet como uma alfabetização digital, aliás, muito importante para a educação, principalmente para controle parental.

Questionando ou não, é um direito, uma garantia constitucional, em que todos têm a liberdade de manifestar uma opinião, um desabafo, uma crítica, desde que essas críticas sejam construtivas, apartidárias e sem ideologias.

Sabemos que é uma utopia acreditar que todo o mundo possa compartilhar das mesmas opiniões, dos mesmos gostos, das mesmas cores, dos mesmos valores.

A pluralidade é um valor democrático que tem que ser adotado com responsabilidade, respeitadas as normas cívicas à opinião do outro, não exigindo, necessariamente, o mesmo pensamento para que se cresça um relacionamento e uma amizade.

CAPÍTULO 4

CRENÇAS DISFUNCIONAIS

Para que entendamos o fenômeno das *fake news* e seu exponencial crescimento social no mundo moderno, precisamos fazer uma digressão a respeito do comportamento humano e de suas crenças disfuncionais, que encontram terreno fértil para a sua proliferação por meio do uso da IA.

É importante frisarmos que as *Fake News* não se limitam somente a notícias falsas espalhadas pelas redes sociais. Se elas existem, temos que ter em conta que há pessoas que acreditam fielmente nessas notícias falsas, mesmo se provando o contrário. É algo maior que uma simples crença, tornando-a mais reflexiva do que qualquer informação oriunda de uma fonte confiável, com percepção alterada dos fatos. Nessas circunstâncias, o corpo e a mente respondem de forma compensatória, tornando a crença naquele fato algo vantajoso e uma verdade absoluta difícil de ser desacreditada por alguma comprovação científica.

As pessoas tendem a se lembrar mais facilmente de informações falsas que venham a confirmar suas crenças e emoções, e, dessa forma, os aspectos culturais ficam atrelados a esse processo. Como já foi dito, a memória pode ser moldada pela repetição, que, sendo seletiva, reforça as crenças preestabelecidas e as emoções.

Da forma como o ser humano processa as informações, o seu cérebro pode tornar as *fake news* uma verdade absoluta incontestável.

Quanto mais vezes vemos ou ouvimos algo, é mais provável que a nossa memória o fixe. Isso significa que o compartilhamento repetitivo de *fake news* faz com que as pessoas se lembrem delas como verdadeira. Na maioria das vezes, a falta de comprovação por ausência de provas é utilizada como justificativa para acreditar em inverdades.

As pessoas tendem a ser influenciadas pelo ambiente social em que vivem, e, de uma forma geral, acredita-se que os aspectos culturais, muita das vezes por falta de comprovação, tornam o ambiente fértil à propagação de *fake news*. Ademais, está comprovado que as nossas crenças e emoções podem influenciar a forma como processamos e armazenamos informações. As informações emocionais têm mais impactos na pessoa humana que as informações lógicas e racionais, segundo os especialistas em neurociência.

Responsável por motivar comportamentos que são benéficos para a sobrevivência e a reprodução, o sistema de recompensas compreende estruturas do sistema límbico, relacionado às emoções e experiências prévias do indivíduo.

As pessoas tendem a dar mais peso às informações novas e inesperadas, independentemente de serem verdadeiras ou não. Dessa forma, as *fake news* ficam mais propensas a ser acreditadas como verdadeiras. A esse processo, os especialistas dão o nome de "viés de novidade", que se torna presente na atualidade, visto a facilidade e velocidade em que recebemos e enviamos informações nas redes sociais.

Quando as pessoas compartilham informações com outras pessoas, elas são reforçadas pela atenção e aprovação dos outros, o que aumenta a sensação de recompensa na propagação de *Fake News*. Esse comportamento é incentivado pela liberação da dopamina, cuja repetição constante de informações falsas pode fortalecer as ligações neurais associadas a elas e, desse modo, aumentar a crença de que sejam lembradas como verdadeiras, como já dissemos anteriormente.

As preexistências de crenças por parte de determinadas pessoas reforçam a percepção de que informações falsas venham a ser verdadeiras. É importante que mais trabalhos investiguem como se pode minimizar os efeitos deletérios neurofisiológicos causados pela propagação de *fake News*, a fim de reduzir seus impactos sociais e individuais.

CRENÇAS DISFUNCIONAIS NEGATIVAS

Uma das maiores revoluções causadas pela internet é a possibilidade de toda e qualquer pessoa ter voz para dar sua opinião e expor seu conhecimento, movimento amplificado pelas redes sociais e pela evolução das ferramentas de blog, conforme explicitado anteriormente. A comunicação deixou de ser unilateral, e a abordagem da "notícia", da informação, ganhou várias vozes. Isso é tanto bom quanto ruim, pois a veracidade é questionada, e a visão parcial, altamente levantada.

Tal fenômeno deu margem à proliferação rápida, numa dimensão inimaginável das *Fake News*, com base em crenças disfuncionais negativas, como já podemos observar anteriormente. Tais crenças são caracterizadas por modos de pensar que fazem as pessoas enxergarem a realidade com um olhar distorcido, pessimista e com danos não só ao agente receptor das mensagens falsas, como ao próprio emissor, por meio de comportamentos rebusques, falaciosos, autos sabotadores. As pessoas buscam aceitação social, muitas vezes, por conta da difusão de *Fake News*, atuando como fator de risco e vulnerabilidades, podendo vir a provocar a desregulação emocional e o estresse.

É importante tentarmos entender as características psicoemocionais dos propagadores contumazes de *Fake News*.

Estudos revelaram que fatores emocionais no processo das crenças disfuncionais são características de certos indivíduos com *alexitimia*, proporcionando transtorno de personalidade, com objetivo nefasto de divulgar notícias falsas para prejudicar alguém ou provocar emoções negativas.

A *alexitimia* é uma doença psicossomática, por meio da qual as pessoas podem desenvolver uma capacidade de fantasiar e imaginar notícias falsas.

O *indivíduo alexitímico* possui dificuldade em caracterizar o próprio estado emocional, e sua inteligência social fica, dessa forma, contaminada, podendo contribuir para a proliferação de *Fake News*, acreditando que a mentira é verdade, especialmente se estiver em consonância com as crenças disfuncionais.

Devemos levar em consideração que a inteligência social deve estar vinculada a um construto mais global, a inteligência emocional, que, por sua vez, se relaciona com a habilidade de monitorar sentimentos e emoções em si mesmo e nos outros, de tal forma que possa auxiliar na discriminação e utilização da informação emocional para guiar pensamentos e ações.

"Nossas certezas não são obrigatoriamente fundamentadas na razão. Temos a ilusão de que a razão é suficiente para a formação das crenças, mas precisamos muito mais de uma coerência emocional e sentimental para formá-las do que de algo racional", sustenta Fabiano Moulin de Moraes, neurologista pela Escola Paulista de Medicina da Universidade Federal de São Paulo e especialista em neurologia cognitiva e do comportamento.

O que acontece, afirma o professor Fabiano, é que, na maioria das vezes, as pessoas usam da racionalidade para justificar uma coerência que elas sentem:

> Cuidado com suas certezas, elas são muito mais prejudiciais do que as dúvidas e presumem ignorância. Na verdade, quanto menos você sabe, mais certeza tem do que sabe. Os experts costumam ter muito menos certezas do que aqueles que acham que sabem, mas não sabem.

O mito da caverna de Platão

Em linhas gerais, o mito ou a parábola da caverna é um recurso de Platão para explicar a diferença entre o "mundo sensível" e o "mundo inteligível" e ilustra bem a importância das crenças para a proliferação das *Fake News*.

Na história, as pessoas ficam presas dentro de uma caverna, e tudo que enxergam e conhecem são sombras projetadas na parede, sombras essas geradas por figuras colocadas em frente a uma fogueira.

A questão é que, como as pessoas não conhecem o mundo fora da caverna, pensam que aquelas sombras são a realidade. Até que um dia, uma dessas pessoas consegue libertar-se e sair.

A princípio, essa pessoa é cegada pela luz do sol, mas, conforme seus olhos se acostumam, ela consegue ver o mundo como ele é e percebe que as sombras são apenas representações enganosas da realidade.

Essa pessoa lembra de seus companheiros e volta para a caverna para contar a verdade a eles, porém os outros zombam dela por questionar aquilo que eles têm como certo e acabam por matá-la.

O sentido por trás da história

A história serve para ilustrar as teorias de Platão sobre o mundo sensível, daquilo que você capta pelos seus sentidos (o mundo das coisas), e o mundo inteligível, o que você só alcança pelo exercício da razão (o mundo das ideias).

As pessoas, em geral, teriam acesso apenas ao mundo sensível, portanto não conseguiriam compreender a essência própria das coisas. O filósofo seria aquele capaz de se libertar da caverna e compreender essa essência, a realidade para além das sombras que podem ser captadas pelos nossos sentidos.

Contudo, baseando-se na condenação de Sócrates a tomar veneno, Platão conclui que esse filósofo, ao tentar libertar as pessoas da caverna, seria menosprezado e defende que prefeririam manter-se presas ao que têm como verdade, à percepção falha sobre as coisas, em vez da compreensão das ideias, da realidade.

CAPÍTULO 5

A RELAÇÃO ENTRE *FAKE NEWS*, SOFISMAS E SIMBIOSE

A intenção deste capítulo é fazer uma correlação entre sofismas, simbioses e *Fake News* para que possamos entender este fenômeno, correlacionado com comportamento psicossocial atual e histórico dos seres humanos nele envolvido e novas tecnologias digitais.

Para que entendamos melhor o fenômeno da grande proliferação das *fake news* no mundo moderno, precisamos fazer uma reflexão sobre sofisma e simbiose.

As *Fake News* são nada mais que sofismas, ou seja, "**um pensamento ou uma retórica que procura induzir ao erro,** apresentado com aparente lógica e sentido, mas com fundamentos contraditórios e com a intenção de enganar". Popularmente falando, um sofisma pode ser interpretado como uma mentira ou um ato de má fé.

Para ilustrar este capítulo, utilizamos informações da *Enciclopédica Significados*, a Cátedra Oscar Sala do Instituto de Estudos Avançados (IEA) da USP, Icimago Institutions Rankings "*The concept of symbios in Psychoanalysis: a literatura Review*".

A palavra sofisma deriva do grego *sofisma*, em que *sophia ou sophos* significam, respectivamente, "sabedoria" e "sábio". Etimologicamente, esses termos vêm sofrendo modificações conceituais ao longo dos tempos.

Na Grécia Antiga, o termo era utilizado no sentido de "transmitir sabedoria" por meio de técnicas de retórica e argumentação. A principal intenção dos filósofos, sofistas da época, era fazer com que o público acreditasse naquilo que diziam, e não buscassem pela verdade, instigando este sentimento no interlocutor.

Os sofistas da Grécia Antiga eram conhecidos por ser importantes professores. Viajavam pelas cidades e ensinavam os seus alunos a arte da retórica, que era muito importante para quem desejasse seguir na vida política. Qualquer semelhança atual com os políticos brasileiros "é mera coincidência". Um político brasileiro teve a coragem de afirmar que a mentira é por ele usada como forma de convencimento.

Portanto, na atualidade, um discurso sofista é considerado uma argumentação que supostamente apresenta a verdade, mas a sua real intenção reside na ideia da enganação. Seria, então, motivado por um comportamento capcioso, numa tentativa de ludibriar verdadeiramente seu interlocutor.

Os principais filósofos gregos propagadores do sofisma à época, que dominavam técnicas de retóricas e discurso e vendiam seus conhecimentos em troca do pagamento de taxas pelos estudantes ou aprendizes, eram Protágoras, Górgias e Hípias.

Sócrates, Platão e Aristóteles foram importantes filósofos que, à época, se posicionaram como opositores ao pensamento sofista, combatendo-os; foi a partir daí que o termo sofisma passou a ter uma conotação pejorativa.

Em contraponto, Aristóteles passa a defender o *silogismo*, ou seja, um pensamento filosófico que tem uma relação intrínseca com a definição do sofismo. Enquanto o sofisma é **"aparentemente lógico"**, cujas premissas não sustentam a conclusão, o silogismo é a ideia de juntar duas premissas com o objetivo de se chegar a uma conclusão baseada na dedução. Por exemplo: "todo ser humano é mortal" (premissa 1) / "João é um ser humano" (premissa 2) / "logo, João é mortal" (conclusão).

Mesmo sendo um pensamento lógico, o silogismo pode apresentar conclusões equivocadas, caracterizando-se como um silogismo sofístico, mediante o qual se quer defender algo falso e confundir o contraditor.

Em conclusão, o sofisma é um tipo de *falácia*, um engano, um argumento inválido, uma ideia equivocada ou, ainda, uma crença falsa. Nos estudos da lógica, a falácia é um erro de raciocínio ou argumentação, com propósitos enganosos. Trata-se de um erro, uma argumentação falsa que é cometida intencionalmente com o intuito de persuadir seu interlocutor. Assim, ele gera uma ilusão de verdade. Tem por objetivo promover "raciocínios capciosos".

Um indivíduo capcioso é "alguém que é enganador, astuto ou que possui a intenção de confundir ou ludibriar". É um termo utilizado para descrever algo que é feito de forma sutil e maliciosa, com o objetivo de induzir ao erro ou à armadilha. É importante que a pessoa esteja atenta em analisar o contexto em que é utilizada. A verdadeira intenção oculta do propagador da *fake news* é fazer com as pessoas absorvam e pratiquem as ideias e mensagens do propagador. Geralmente, é empregada para descrever situações, argumentos ou pessoas que possuem uma aparência ou intenção enganosa (Pesquisa feita na Wikipédia).

Com a proliferação das *fake news* na sociedade brasileira de uma forma exponencial, pode-se observar também o fenômeno do **paralogismo**, conceito relacionado com a falácia, que, embora se questione seus objetivos, ocorre fruto de um erro lógico involuntário, sem a intenção de enganar, cometida de maneira não intencional. Neste aspecto, o **paralogismo** é relacionado com a ignorância, quando o indivíduo não tem consciência de sua falsidade.

Precisamos entender a relação entre o propagador e o interlocutor ou grupo de interlocutores de *fake news* e o que faz esse fenômeno exercer tanta influência no comportamento da sociedade brasileira e seu avassalador crescimento, utilizando-se das técnicas da IA e das chamadas mídias sociais.

Ousamos afirmar que isso decorre de uma relação quase que simbiótica entre o difusor e o receptor de *fake news*, que pretendemos mostrar neste capítulo.

Para efeito do nosso propósito de analisarmos a simbiose sob a ótica das *Fake News*, referir-nos-emos somente a relações em que há benefícios mútuos. Temos visto que, para as *Fake News* alcançarem seus objetivos, é preciso que haja uma sintonia entre os agentes emissores e as crenças dos agentes receptores, o que tende a provocar uma relação simbiótica.

Quanto maior for a crença dos agentes receptores sobre uma referida mensagem, independentemente de serem verdadeiras ou falsas, maior será o seu efeito. Por seu turno, quanto maior for a identificação por parte dos emissores, das características do segmento a que se destina a mensagem, maior será a probabilidade de êxito dos seus resultados. A força desse processo interativo cria uma verdadeira *simbiose* entre os agentes envolvidos na comunicação, com efeitos propagadores incomensuráveis, em decorrência do uso da IA e das mídias sociais. Esse processo alcança suas forças nas *ideologias* e nos aspectos *religiosos,* em que as pessoas passam a criar verdadeiros mitos em torno dos assuntos propagados. Aliás, é dessa forma que tem sido construída a história. Não é verdade?

De acordo com as especialistas Daniela Sheinkman Chatelard (Psicanalista Professora da Universidade de Brasília) e a psicóloga e professora da Universidade Paulista-Campus Brasília, Mestre Áurea Chagas Cerqueira:

> [...] o fenômeno da simbiose, tal como investigado, consiste numa relação de natureza narcísica, no sentido de que cada um dos membros da díade se encontra à mercê de sua própria história de vida, de suas próprias necessidades e angústias. Como um vínculo narcísico, impossibilitado de separar-se e de entrar em contato com as respectivas subjetividades, mantém-se, alimentando-se dos poderosos mecanismos de defesa presentes nas relações tribais entre seres humanos.

Segundo Bleger (1967/2001) ele:

> [...] compreende a simbiose como uma forma de dependência, uma relação narcísica de objeto, vinculada aos fenômenos de projeção e introjeção, na qual ocorre uma identificação projetiva cruzada, em que cada um dos depositários age em função dos papéis complementares do outro, e vice-versa.

Assim, nas palavras de Bleger, a simbiose consiste em:

> [...] uma estreita interdependência entre duas ou mais pessoas que se complementam para manterem controladas, imobilizadas e, em certa medida, satisfeitas, as necessidades das partes mais imaturas da personalidade, que exigem condições que se acham dissociadas da realidade e das partes mais maduras ou integradas da personalidade. Esta parte imatura e mais primitiva da personalidade foi separada do eu mais integrado e adaptado, e configura um todo de certas características que me levaram a reconhecê-lo como o núcleo aglutinado da personalidade [...].

Conforme relatamos, o termo simbiose, embora originalmente empregado pelas ciências biológicas, no mundo moderno, tem sido utilizado para designar uma relação funcional estreita, harmônica e produtiva entre dois organismos, os quais interagem de modo ativo, visando ao proveito mútuo. Nos aspectos das *fake news*, com o avanço da tecnologia e das mídias sociais, vem ocorrendo uma força de caráter filosófico, fazendo as coisas acontecerem malevolamente, construindo e moldando a nossa realidade para uma estrutura enganosa. Precisamos estar atentos a isso.

Forças filosóficas fazem as coisas acontecerem e estão construindo e moldando a nossa realidade. Portanto, precisamos de novas palavras, de novas metáforas, enfim, de repertório linguístico renovado para conseguir descrever e compreender melhor os fenômenos da era digital e suas consequências sociais. Precisamos de metalinguagem, para conseguir descrever o nosso novo "sensório" gerado pela era cibernética, reconectando as **Tecnociências** com as humanidades, e de ousadia, para navegar por esses territórios inexplorados – *Hic Sunt Dracones* (Os Dragões Estão Aqui).

Tecnologias estão tão interligadas à nossa sobrevivência e é por meio delas que estamos no mundo de forma natural. Nossa natureza é tecnológica, e precisamos disso para sobreviver. Não tem como fugirmos disso. Mudamos a partir de novas possibilidades tecnológicas disponíveis e das configurações de comunicação. Com a evolução das mídias de comunicação, diferentes linguagens vão sendo produzidas. A era digital demanda, necessariamente, uma abordagem transdisciplinar e de religação dos saberes (Morin). Afinal, qual seria hoje a disciplina capaz de narrar e significar as qualidades das inovações tecnológicas digitais?

CAPÍTULO 6

O MITO DA MENTIRA

Para nós, comunicadores, está difícil conviver e administrar o que chamamos de **"o politicamente correto",** uma demagogia que cerceia histórias e realidades para agradar a uma parcela crítica da sociedade – aliás, um movimento seguido por diversas empresas e instituições preocupadas em preservar a sua imagem e o seu negócio.

Uma hipocrisia!

O que é o mito da mentira? Na verdade, é uma forma de interpretação de uma realidade controversa, que pode representar a verdade ou a mentira.

O mito representa, em ambos os casos, uma forma de questionamento, uma reflexão, de como entendemos o que é realmente verdade ou mentira absoluta.

Mais que um artifício, o tema representa subjetivamente controvérsia. E aí cabe ao leitor avaliar a importância de cada um dentro do conceito simbólico do mito.

Para sermos mais claros e objetivos, voltando às *Fake News* utilizadas indiscriminadamente, podem ser o mito do **Abre-te Sésamo ou Santo Graal,** que serve de desculpa e justifica todas as arbitrariedades.

Estamos vivendo um mundo que chamam de "mundo novo", uma falácia, um tipo de argumento que tem a intenção de parecer correto, mas, na verdade, o que temos é um mundo cheio de preconceitos, falsos juízos, censura, falsas notícias e redes que nada têm de sociais.

Na verdade, temos um mundo cheio de preconceitos, de ódio de politização de mentiras, ditas verdades, para justificar os arbítrios que mais parecem tribunais da inquisição.

A cada dia, leitores de jornais demonstram mais cansaço e raiva, diante da proliferação de matérias nas quais impera o negativismo, a ideologia manifestada pela militância política, respaldada por uma falsa liberdade de expressão sem escutar ou se preocupar com a opinião dos seus leitores; uma inversão de valores, senão vejamos, a imprensa defendendo políticos que atacam a liberdade de expressão.

Talvez o novo esteja na comunicação digital, porém não sabemos até onde os limites éticos serão respeitados. Considerando que perdemos a hegemonia da informação legítima, sem manipulações, precisamos fugir do espetáculo midiático e valorizar a informação sem partido ou ideologias, sem desvios de conduta, sem a espetaculosidade informativa.

A comunicação se transformou num grande espetáculo midiático, tendo como palco a intolerância ideológica, o politicamente correto, a falsa e oportunista moralidade, em que o abuso estratégico e mal utilizado se esconde por meio das palavras para criar o caos, manchar reputações, disseminando o ódio e conflitos, muitas vezes, resguardado no anonimato partidário e político. E o que é isso: mito ou *Fake News*?

O direito de opinar, a liberdade de expressão, está sendo substituída pelo totalitarismo ideológico, gerando uma censura radical de comunicadores e da comunicação.

Quem se beneficia realmente do egocentrismo e da liberdade idiota da autoafirmação? Tudo depende do ponto de vista! Quem realmente usufrui com a desmotivação, ou melhor, com o uso indiscriminado da palavra ou do tema *fake news*? Talvez as instituições pouco recomendáveis que esqueceram a importância da democracia.

Segundo o imortal e professor José Estevão Cocco, membro da Academia Brasileira de Eventos e Turismo e da Academia Brasileira de Marketing, especialista em Propaganda e Marketing:

> [...] o teor de uma comunicação não é o que o emissor quer comunicar e sim o que o receptor quer entender. Depende de inúmeras idiossincrasias do receptor. Do seu momento de humor. Da sua faixa social. Da sua faixa etária. Da sua posição política. Da sua faixa educacional. Das suas ideologias. Da sua disposição para polêmicas. Enfim, uma mesma frase ou ilustração pode ter centenas, talvez milhares, de interpretações. Para o bem ou para o mal.

O professor Cocco ainda acrescenta que, de acordo com sua experiência de mais de 60 anos de comunicação publicitária, "onde qualquer ruído na comunicação pode significar o descrédito de um produto ou marca, aprendeu a se preocupar com a reação do receptor às mensagens". Conhecer o público a que se destina a comunicação é uma maneira de evitar os ruídos psicológicos e semânticos.

As apresentações corporativas, por exemplo, precisam ser devidamente elaboradas considerando as características das pessoas objetivadas. Por isso, as campanhas publicitárias são submetidas a pré-testes antes de serem veiculadas.

Dizem que o humor é a mais ferina e séria modalidade de crítica social. Atualmente, a tal comunicação politicamente correta está acabando com o humor. Sempre haverá uma pessoa ou grupos homogêneos que serão contra quaisquer mensagens que os incomodem, principalmente nestes tempos em que a participação na comunicação é amplamente facilitada pelas mídias sociais.

No momento presente, Cocco interpreta que a maioria das charges é publicada como uma crítica ao comportamento social de muitos cidadãos, masculinos ou femininos. Recentemente, a presença de uma "Primeira-Dama do Tráfico de Drogas", que foi recebida no Ministério da Justiça, foi motivo de uma charge de grande repercussão nacional, comparada com primeiras-damas do cinema, do teatro, da televisão (onde a prática foi sobejamente conhecida e comentada) entre centenas de outras. O termo primeira-dama também pode ser aplicado ao primeiro cavalheiro, com as mesmas conotações. Aliás, o que existe de primeiros cavalheiros que se aproveitam dos costumes e da cultura da sociedade é significantemente maior do que das primeiras-damas. **A interpretação depende de quem veste a carapuça.**

Entende o professor que a defesa da dignidade das mulheres da maneira como está hoje é que leva a reações episódicas. As mulheres que buscam vencer sem se utilizar da sensualidade, da beleza, do sexo e da cama estão conseguindo, a duras penas, atingir seus objetivos numa sociedade mais igualitária e mais justa. Nem por isso a publicação é lamentável genericamente.

O resultado é óbvio, sem controle. Reputações sólidas são arruinadas, causando danos irreparáveis à cidadania democrática, prejudicando e influenciando processos políticos, com teorias de conspiração, de ódio e de radicalismo.

Diante de tantas interrogações, uma nos chama particularmente a atenção. Vejamos: se analisarmos com atenção a atual conjetura dos poderes, inclusive do governo, somos surpreendidos por uma guerra generalizada de autoritarismo e imagem, uma subversão midiática apoiada por contradições e desrespeito à imagem das instituições, utilizada impunemente pelos próprios poderes, sem exceções.

A resposta é lógica: se eles fazem e não acontece nada, por que eu não posso fazer o mesmo?

Aqui temos que ressaltar o lema **"olho por olho, dente por dente"**, um subterfúgio que justifica a vingança ou retaliação a uma acusação, algumas vezes infundada. **Na verdade, convivemos com dois pesos e duas medidas,** tanto na avaliação quanto na responsabilidade, inclusive nos processos judiciais.

Estamos vivenciando uma inversão de valores, um universo medíocre de uma casta de beneficiários, isso sem falar das universidades pouco preocupadas com a capacitação, dos chamados artistas e pseudointelectuais, igualmente comprometidos por uma falsa aura de imparcialidade e neutralidade midiática, polemizando, subvertendo e manipulando notícias, mais preocupados em disseminar o ódio e o confronto, do que noticiar o viés político.

Só não vê quem não quer; estamos vivenciando o obscurantismo, a inquisição, uma caça às bruxas, tudo com a tutela (de um tribunal das redes sociais) e o apoio exacerbado da mídia e de grupos radicais.

Sem grandes exceções, todos fazem uso declarado das mídias sociais, reduto ideológico das *Fake News*.

Neste cenário, não podemos condenar a responsabilidade da tecnologia digital; ela nunca foi um problema, na realidade, ela é uma alternativa, uma porta de informação que veio para ficar: bem ou mal-usada, depende de cada um de nós.

O mundo da comunicação agradece, as empresas e os consumidores agradecem, a dinâmica da informação agradece, mesmo sabendo que o problema está na forma e no conteúdo da sua utilização.

Cumpre-nos avaliar o limite, as questões éticas, as liberdades individuais, evitando que essa mesma liberdade não prejudique nem afete a liberdade de expressão diante da mentira ou da verdade. Será que a mentira vale mais que a verdade?

Aqui temos que ressaltar mais uma vez o lema **"olho por olho, dente por dente"**, um subterfúgio que justifica a vingança ou retaliação a uma acusação, algumas vezes, infundada.

Um bom exemplo do mito da mentira que se perpetua é a História dos Três Reis Magos: Belchior, Baltazar e Gaspar. Segundo a Bíblia, no capítulo2 Versículo 1... do Evangelho segundo São Matheus, "não eram três e não se chamavam Belchior, Baltazar e Gaspar".

O que a Bíblia textualmente diz é que "uns magos vieram do Oriente a Jerusalém e, entrando na casa, acharam o menino com Maria, sua mãe e, prostrando-se, o adoraram; e abrindo os seus tesouros, ofertaram-lhe dádivas: ouro, incenso e mirra".

Ao longo do tempo, a tradição acrescentou detalhes não contidos na Bíblia, fazendo analogias, associações e adições.

Como trouxeram presentes valiosos à época, consideraram que seriam reis. Sendo essas dádivas de três naturezas, concluíram que eram três. Para completar, agregaram-lhes nomes próprios para os identificar! Belchior ofereceu **ouro.** Símbolo de sabedoria e riqueza universal; Balthazar ofereceu **mirra,** símbolo de pureza; e Gaspar ofereceu **incenso,** símbolo de fé.

Frei Beda, um frade teólogo que viveu de 673 a 735, chega a lhes atribuir características pessoais! Em seu tratado "Excerpta et Colletanea", ele diz:

> Melchior era velho de setenta anos, de cabelos e barbas brancas, tendo partido de Ur, terra dos Caldeus. Gaspar era moço, de vinte anos, robusto e partira de uma distante região montanhosa, perto do Mar Cáspio. E Baltazar era mouro, de barba cerrada e com quarenta anos, partira do Golfo Pérsico, na Arábia Feliz.

Isso demonstra a tendência humana de detalhar, precisar, mensurar, medir, circunstanciar, datar! Coisas que a Deus não interessa! Como disse Jesus à mulher samaritana: "Deus é espírito, e importa que os que o adoram o adorem em espírito e em verdade" (Evangelho de João 4:24).

O que realmente importa — independentemente de nomes, quantidade, origem, classificação social ou que tais — é o fato espiritual: Jesus nasceu! E seu nascimento foi testemunhado e atestado pelos magos, simbolizando, talvez, os povos da terra, vindo dar o reconhecimento de sua realeza (pelo ouro); divindade (pelo incenso) e humanidade (pela mirra)!

"Todos os reis se prostrarão perante ele", diz o salmista Davi.

[(Salmos 71/72) J. B. Oliveira]

CAPÍTULO 7

A MENTIRA É UMA FANTASIA

Normalmente, associar a mentira à fantasia é uma característica muito utilizada pelas crianças, algumas vezes alimentada pelas histórias, principalmente, pela informação visual que alimenta a identificação com personagens, gerando informações que, em alguns casos, podem tornar-se obsessões.

Algumas vezes, essas narrativas fantasiosas servem para demonstrar preconceitos e atitudes, por meio de histórias e analogias.

Na maioria das vezes, são apenas fantasias que, em alguns momentos, são até alimentadas pela família, pelas tradições, como o coelho da Páscoa e o Papai Noel, e até pelos ritos religiosos.

Quem não teve uma mãe ou uma avó que, na hora de ninar, cantava para o papão sair de cima do telhado ou de ameaçar com a cuca se a criança não comer.

Obviamente, não podemos considerar essas histórias como *fakes*. Esse exemplo serve apenas para demonstrar que a mentira é atávica e faz parte de uma realidade que pode continuar numa proporção sistêmica ou até sumir.

Aqui ressaltamos a importância da família na forma da educação. Na chamada "era da informação", qualquer pessoa pode produzir e compartilhar conteúdo com qualquer outra pessoa em qualquer lugar do mundo.

Esse é o mesmo princípio das *fake News*: ressaltar a importância da história, do fato para influenciar a sociedade, algumas vezes, de forma errô-nea, ainda assim, amplamente utilizada para os mais variados fins, inclusive políticos, principalmente, na disseminação de conteúdos.

Em razão do contexto cultural e por radicalizações políticas, é uma guerra ideológica que divide a sociedade em grupos antagônicos e rivais.

Há controvérsias conceituais que dizem respeito, especialmente, ao fato de restringir as *fake news* apenas ao conteúdo falso e de forma intencional. Porém, nem todas promovem equívocos ou manipulam a verdade.

É preciso ressaltar a influência das *fake news* na sociedade contemporânea, principalmente as que são utilizadas para os mais variados fins, inclusive políticos, especialmente na sua disseminação, em razão do seu contexto cultural e igualmente por radicalizações políticas.

É uma guerra ideológica que divide a sociedade em grupos antagônicos e rivais. Nesse contexto, há controvérsias conceituais que dizem respeito, particularmente, ao fato de se restringir a denominação das *fake news* apenas às de conteúdo falso e, de forma intencional, às que promovem equívocos ou manipulam a verdade.

Avaliando o cenário, diria que o objetivo não é necessariamente a manipulação com intuito de enganar. Para isso, temos que entender a relação das *fakes* com processo de comunicação entre o emissor e o receptor.

É fundamental refletirem, em primeiro lugar, o objetivo da disseminação da narrativa, quase sempre dentro de um contexto polarizado. Acreditando ou não, é quase uma realidade em que o mais importante é passar, acrescentar, aparecer, personalizar, independentemente de o conteúdo ser ou não verdadeiro.

Aliás, nem sempre o que é falso para uns é verdadeiro para outros; o importante é polemizar, usando notícias como armas. Esse é o processo primário entre um emissor pessoal e um universo de receptores que acatam, modificam e se tornam igualmente emissores, transformando uma notícia exponencialmente.

O que é mais importante nesse tipo de comunicação é se a notícia favorece a sua vertente política, e é claro que nem todas as *fake* são políticas. Algumas são de mau gosto, modismo, muito ódio e muita agressão; ainda assim não se justifica a censura às plataformas, à sociedade, interferindo e removendo inadequadamente a liberdade de expressão.

Com a desculpa equivocada do atentado à democracia, as interferências são cada vez mais constantes, lesando e manipulando conteúdos sérios e legítimos com ameaças de criminalização

"No dia 18 de outubro de 2018, o jornal Folha de São Paulo acusou empresários brasileiros de comprarem pacotes de mensagem em massa, que teriam sido disparados no WhatsApp com informações falsas contra o Partido dos Trabalhadores".

"O serviço oferecido por empresas publicitárias teria sido consolidado com o auxílio de eleitores já propensos a votar em determinado candidato, pessoas responsáveis pela criação de redes, de grupos para disparo de mensagens, bem como pelo uso de *bots* que disseminavam notícias falsas em velocidade ímpar" (Mello, 2018).

Em vez de ameaças, devia-se promover a cultura digital combatendo a desinformação, a radicalização, por meio de um aculturamento na sociedade, nas escolas, nas empresas.

Talvez possa parecer um paliativo, mas qualquer coisa é mais importante que reprimir. Afinal, a tecnologia está cada vez mais presente na vida de cada cidadão.

Da mesma forma, essa responsabilidade social cabe igualmente aos meios midiáticos, às escolas que podem colaborar no aculturamento e na capacitação digital por meio da informação correta, desde que essa capacitação esteja distante das narrativas e de uma cartilha ideológica, ultrapassada, praticada por professores, jornalistas e veículos comprometidos com ideologias marxistas.

Cada um de nós pode ser o que quiser, esquerda ou direita, ateu ou espírita, porém a comunicação tem de ser objetiva correta e não impositiva a credos, considerando que a sociedade é multicultural. Portanto, a regra da informação tem que ser baseada na divulgação da notícia correta e objetiva. Dessa forma, cabe a nós, leitores e ouvintes, analisar as informações de acordo com as nossas prerrogativas.

Deixamos aos responsáveis, analistas midiáticos (não ao jornalista), o espaço para fazer as suas análises, porém o cidadão tem igualmente a prerrogativa de discordar do que é noticiado sem imposição e viés político.

Vimos no Estadão (14/08/23) a manchete:

> Flávio Dino, diz que STF e governo vão regular internet na marra. A regulação da internet e das redes sociais vai acontecer mesmo que o Congresso Nacional não vote ou rejeite" A solução do problema é ameaças como fez recentemente o ministro da justiça? O Projeto de Lei 2630/2020, cujo suposto objetivo é regular a publicação de *fake news*.

O governo devia promover a cultura digital, com bom senso, convidar especialistas e acadêmicos sem tendências políticas, ideológicas e sem revanchismos, para educar e combater a desinformação por meio de um aculturamento na sociedade, nas escolas, no governo, regulando com critérios justos à publicação de *Fake News*.

Neurobiologia da mentira

Mentir é dizer algo que não é certo, ou algo que é parcialmente certo de acordo com uma parcela muito pequena da realidade que a pessoa escolhe para discutir. Quando a estratégia de comunicação deliberada é baseada neste tipo de argumento para construir relacionamentos, constitui-se uma mentira por meio de manipulação, e constitui uma grave violação à ética e nos papéis que as pessoas desempenham na vida. (Pedace, 2011, p. 109).

O mentiroso concebe, antes de tudo, omitir a verdade e, em seguida, elaborar uma declaração alternativa plausível para o receptor, ao mesmo tempo que oculta a sua verdadeira intenção. Tal processo implica um maior uso dos recursos cognitivos do que quando se diz a verdade (Williams; Bott; Patrick; Lewis, 2013).

Algumas pesquisas têm buscado determinar os fundamentos neurobiológicos do comportamento mentiroso, especialmente para os casos da mentira patológica. Estudos de neuroimagem estrutural por ressonância magnética mostraram que existe um crescimento considerável de substância branca na região pré-frontal do cérebro de indivíduos caracterizados como mentirosos patológicos.

Estudos de neuroimagem funcional realizados em indivíduos saudáveis, mas mentirosos contumazes, revelaram que o córtex pré-frontal desempenha um papel predominante na mentira. Além disso, achados obtidos em estudos neuropsicológicos e de estimulação transcraniana por corrente direta também demonstraram a contribuição funcional do córtex pré-frontal no ato de mentir. Evidências convergentes de várias fontes sugerem que o córtex pré-frontal organiza os processos de inibição de respostas verdadeiras e articulação de respostas enganosas (Abe, 2009).

A memória de trabalho é um mecanismo da memória que nos permite manter uma informação armazenada e acessá-la enquanto estivermos usando essa informação, assim como incorporar novas informações ao planejamento mental. É o que ocorre na elaboração de histórias inverídicas, pois o indivíduo precisa manter ativas, na memória, informações que estão sendo criadas instantaneamente.

Já a flexibilidade cognitiva é a capacidade para mudar as perspectivas de observação espacial e interpessoal. Durante um discurso mentiroso, essa função permite ao indivíduo mudar as estratégias de solução de problemas e de condução do enredo, assumir diferentes pontos de vista, como o do interlocutor, por exemplo, e admitir outras possibilidades diante de um desafio (Diamond, 2011).

É por isso que, quando uma pessoa conta uma mentira relativamente plausível, seu cérebro utiliza mais funções do que quando diz a verdade, pois é preciso selecionar cuidadosamente o que vai ser dito e, ao mesmo tempo, esconder e manipular diversos outros comportamentos indesejados. Nesse caso, se for pedido para o mentiroso contar sua história no sentido inverso e forem feitas a ele algumas perguntas que requeiram respostas mais consistentes, ficará mais fácil perceber que está mentindo (Vrij *et al.*, 2008).

CAPÍTULO 8

A ORQUESTRAÇÃO DA MENTIRA

É obvio que a maioria de tudo o que estamos lendo não é mais uma brincadeira de mau gosto, tem de tudo para todos os gostos, é algo bem orquestrado, uma indústria de comunicação nociva a serviço de organizações bem pagas, por gente obscura e covarde, que nem para os amigos relatam e admitem a sua autoria – na realidade, são covardes travestidos de justiceiros.

Dessa forma, temos quase a certeza de que a encomenda tem destino e morada certos, compartilhada por alguém que serve aos interesses, sejam eles quais forem, por dinheiro, ódio e fanatismo, para desestruturar a ordem pública e a imagem de alguém.

Um estudo divulgado por uma empresa global de **cibersegurança, afirma que 62% dos brasileiros não reconhecem uma notícia falsa.**

Na realidade, é um problema global, e a percentagem deve ser astronômica, sem esquecer que as *fakes* saíram do circuito interno regional e ascenderam na globalização. *fakes* e *hackers* estão interferindo diretamente nas grandes potências mundiais; na verdade, uma guerra digital apoiando interesses comerciais políticos e ideológicos.

Como veremos adiante, humor também faz parte da sua personalidade; aliás, um humor inócuo e provocativo, como exemplificamos numa *fake news* postada por uma garota inglesa.

Diante dessas postagens, só podemos achar divertido, porém, mesmo não sendo crime, devemos ter limites, e a criatividade e o senso de humor não justificam tudo.

Ainda que no exemplo do trote americano as consequências fossem diferentes, houve geração de pânico, acidentes e milhares de dólares de prejuízo.

Isso não se pode dizer **das *Fake News* que têm como alvos órgãos públicos, como o Ministério da Saúde, com temas mais polêmicos relacionados à vacinação:** vídeos afirmando que a vacinação faz mal, que a vacina causa autismo, que a imunização é uma falácia, que a campanha de vacinação do sarampo é uma estratégia comercial dos laboratórios, que a vacina chinesa pode ter chips implantados, que ela pode alterar o nosso DNA, que é produzida a partir de células de fetos abortados. Na verdade, são suposições abstratas de mau gosto.

Talvez o bom senso fosse questionar o tempo utilizado na sua criação, comparando o tempo que outras vacinas tiveram que utilizar para ser criadas.

Por exemplo, neste ano, os Estados Unidos acusaram a China de ter criado a Covid, obviamente sem ser uma acusação intencional.

E aí, existe uma diferença entre o governo dos Estados Unidos e o cidadão comum? A resposta é óbvia. Não se trata apenas de uma opinião de quem escreveu. No entanto, para ser mais crível, devia ser escrita por alguém ligado à medicina ou à política, como é nesse caso.

Da mesma forma, por que perseguir médicos e até cientistas que divulgam tratamentos alternativos quando a intenção é boa? Hoje se critica a homeopatia como uma técnica inócua sem valor. Verdade ou mentira? No entanto, era o medicamento utilizado pela rainha Elisabeth da Inglaterra, que viveu mais de 90 anos, entre outras figuras notórias e respeitadas.

Quantas doenças são tratadas por diferentes técnicas e medicamentos alternativos? E aí, vamos esquecer novamente as culturas milenárias do mundo reprovando e acusando de *fake news*?

Nesse caso recente, por que se perseguem os laboratórios e os médicos que utilizam diferentes alternativas? Sabemos que tudo é consequência política. E a reação é óbvia: centenas de *fakes* alimentando a raiva e o ódio — o que é natural diante da perseguição política que até hoje persiste.

Numa das *Fakes* mais divulgadas, acusava-se Bill Gates, o fundador da Microsoft. A notícia postada via Face book divulgava um projeto patrocinado por Bill Gates para alterar o DNA de quem se vacinasse com a vacina patrocinada por ele, com o objetivo de eliminar parte da sociedade.

Pessoalmente, achamos essa notícia ridícula, falsa em todos os sentidos, considerando que o cidadão Bill Gattes, empresário criador da Microsoft e filantropo, patrono das grandes universidades norte-americanas, um doador de fundos para grandes instituições sociais, porém, foi divulgada, comentada e por alguns considerada verdadeira, quando o objetivo real era debater formas de se opor ao aquecimento global.

Outra notícia falsa conta que uma "adolescente virgem engravidou ao tomar vacina". Mais que falsa, é ridícula, e acredita quem quer. Não há ainda quem acredite que a terra é plana? Que até hoje ninguém pisou na lua! E aí, vamos punir os ignorantes? Ou vamos punir quem conscientemente se utiliza dessa ignorância para castigar judicial e ideologicamente? Não seria melhor, sem o viés político, explicar para a sociedade os perigos da não utilização da vacina, sem perseguição, sem violência? Da mesma forma, o uso indiscriminado das *Fakes* ressaltando as suas consequências?

Quando alguém defende a utilização de medicamentos alternativos, exemplo a cloroquina, um medicamento à base de quinino utilizado na guerra do Vietnã por americanos e no continente africano e asiático até hoje.

É crime de quem está apenas tentando ajudar dando uma sugestão como milhares de outras alternativas, inclusive as rezas e os milagres que pipocam diariamente nos meios midiáticos?

Por que não encarar a situação como uma opção para curas físicas e até psicoemocionais? Ou, então, encarar de uma forma bem-humorada, como o site satírico de notícias **World News Daily Report,** que é o vencedor da categoria **Grand *fake news* do The Foolitzer Prizes?** O resultado da premiação criada pelo portal E – são farsas que, desde 2002, busca esclarecer boatos que circulam pelas redes sociais.

É uma atitude construtiva que, subjetivamente, chama a atenção e mostra quanto é ridícula a utilização consciente de notícias falsas. Notícias factoides entre dezenas de outras circulam quase que diariamente na imprensa, divulgando crenças e o obscurantismo de seitas e religiões.

É fácil entender o quanto essas notícias têm espaço livre para se desenvolver ignorância, educação e crenças religiosas.

O que não é fácil é compreender a motivação, considerando que essas notícias não se enquadram apenas na ignorância e na crendice; a grande maioria dessas notícias é fruto de interesses comerciais, políticos, de poder, de ódio, tudo alimentado por frustrações e recalques, por meio da destruição.

As dúvidas, a ignorância e os medos não justificam nem esclarecem o comportamento humano. Seria muito mais fácil imputar a culpa à realidade da sociedade, aos desníveis sociais, às perseguições políticas, dando a eles a responsabilidade pelos comportamentos negativos e cruéis do ser humano, da sociedade, ainda considerando que os meios não justificam os fins.

CAPÍTULO 9

A VERDADE NA MENTIRA

Não nos lembramos do nome do autor, mas sempre escutamos um ditado: **"Falar o tempo todo uma mentira logo se torna ou se transforma numa verdade".**

A proposta deste livro é construir uma reflexão sobre um tema social, um tema desafiador que vem gerando grandes questionamentos na sociedade. Começou a ser escrito antes da pandemia e tem como objetivo principal entender o comprometimento e a influência dessa prática nociva à ética e à verdade na sociedade.

Ainda que partes das notícias sejam baseadas em fatos reais, a sua adulteração representa um movimento de valorização e contaminação ideológica, além de uma disputa por audiência midiática.

A pandemia, por mais que seja um problema de saúde pública, foi transformada e utilizada politicamente para atender a movimentos ideológicos subjetivos e pessoais.

Estamos vivendo um mundo polarizado que chamam de novo, que de novo só tem a data; na verdade, o que temos é um mundo cheio de preconceitos, falsos juízos, um mundo de censura, politizado, de falsas notícias e de redes que nada têm de sociais, como já frisamos anteriormente. Na verdade, temos um mundo cheio de preconceitos, de idiossincrasias, que mais parece tribunal da inquisição. Atualizando e adequando o termo aos dias de hoje, podemos denominá-lo de **"ditadura da informação".**

A cada dia, leitores das mídias tradicionais, televisão e jornais, demonstram mais cansaço diante da proliferação de matérias nas quais impera o negativismo, uma militância política manifestada e respaldada por uma falsa liberdade de expressão, sem escutar ou se preocupar com a opinião dos seus leitores nas suas questionáveis narrativas.

Neste sentido, vemos com preocupação o envolvimento privilegiado de jornalistas apoiando e participando de narrativas com o apoio beneplácito dos seus veículos.

A imprensa, que historicamente tinha e tem o compromisso de falar a verdade, esqueceu essa missão em prol de narrativas políticas associadas às crenças partidárias dos seus autores, sem a investigação que as notícias exigem.

Talvez o novo esteja apenas no formato da comunicação digital que liberou a comunicação, principalmente por meio das redes sociais, algumas com um conteúdo bastante questionável, no seu discurso velho e populista.

Nesta realidade, não sabemos até onde os limites éticos são respeitados, considerando que perdemos a hegemonia da informação bem-fundamentada com qualidade e critérios, principalmente informativa.

Precisamos retornar com imparcialidade aos pilares éticos da informação com normas e padrões comportamentais, sem esquecer que os comportamentos dos indivíduos de uma sociedade são influenciados pelos padrões culturais de onde vivem e regulados, principalmente, pelos costumes, criando uma configuração cultural.

Quando esses padrões éticos são quebrados, a tendência é a desintegração social, a anarquia midiática, reforçada pela ideologia política intensificando comportamentos, levando a mudanças significativas na cultura de uma sociedade; uma sociedade que não se dá conta da sua estagnação cultural e do seu declínio social; uma herança maldita para as novas gerações influenciadas pela família, pelos meios midiáticos por meio de uma cultura indutora de jornalismo de militância.

Onde está a verdade?

Diante de tantas interrogações e ao analisarmos com atenção a atual conjetura dos poderes, inclusive do governo, somos surpreendidos por uma guerra generalizada de poder e imagem, uma subversão midiática de valores, apoiada por contradições e desrespeito ao povo e à imagem das instituições, infelizmente comprometidas.

Uma nos chama particularmente a atenção: a utilização e participação impune dos próprios poderes, sem exceções.

Temos um governo pautado em formatos ideológicos com respaldo político questionável, uma imprensa aparelhada ideologicamente, alicerçada numa divisão intencional de interesses econômicos e partidários, valorizando e divulgando uma informação apoiada num contexto ideológico global.

Dentro desse princípio, estamos vivenciando um universo medíocre, em que uma casta de beneficiários apoiados publicamente por uma falsa imparcialidade midiática de neutralidade polemiza e subverte, manipulando notícias, mais preocupada em denegrir e disseminar o ódio, o confronto, do que noticiar sem viés político. Vivemos a realidade da mentira.

Mentira começa a ser uma necessidade diante do cenário de fantasias, um cenário de narrativas sem respeito, defendendo pragmaticamente verdades e mentiras questionadas sobre a bandeira da direita e da esquerda.

No meio acadêmico, na vida social, na economia, na informação, em que a máscara social impera, uma realidade que faz parte do dia a dia do cidadão, quando a sociedade e os governos deviam estar preocupados com a violência, com a miséria, com a saúde, com o desemprego.

Na verdade, não temos uma informação confiável, além disso – desculpem os leitores –, todos, sem exceção, fazemos parte do uso declarado das mídias sociais, para criticar ou apoiar, esquecendo que as redes sociais, na sua grande maioria, são o reduto ideológico das *fake news*.

É por meio das mídias sociais, um canal aberto de comunicação, que ambos os lados utilizam, incluindo as elites, os chamados artistas, os pseudointelectuais e até o governo, quando lhe interessa. Nesta realidade, todos somos responsáveis e igualmente comprometidos.

Quando essa realidade é questionada, a resposta é evidente. Se eles fazem e não acontece nada, por que eu não posso fazer o mesmo?

Mais uma vez, os dois pesos e as duas medidas; um paradoxo, tanto na avaliação quanto na responsabilidade, inclusive nos processos judiciais.

Como autores, questionamos muito, principalmente, como as nossas considerações são vistas e avaliadas pelos leitores, uma preocupação válida diante da polemização política e de algumas considerações que defendemos.

Não apoiamos as *fakes*, porém somos obrigados moralmente a defender critérios, a analisar causas e motivos, na sua maioria políticos, que levam indivíduos a participarem de uma forma de comunicação questionada pela sociedade.

Justificativas não faltam, são muitas, e parte delas pode realmente ser questionada ou justificada. Aliás, um dos motivos deste livro é levantar o assunto para uma reflexão, preocupados com o destino da nossa sociedade num assunto tão polêmico. Não só justificar, importante é entender o movimento social, as causas e os porquês, considerando que nada acontece por acaso.

Estamos convivendo com uma mudança global, um movimento espontâneo utilizado informalmente por todas as classes sociais e por diferentes faixas etárias; um cenário que deve ser respeitado e avaliado – respeitado porque não nos damos conta das implicações sociais que esse movimento está provocando.

A grande diferença, também global, é a forma como ela é avaliada pelas sociedades nos países onde está presente. Inteligentemente, a administração desse problema social não é por meio da censura nem da repressão policial. A solução está no diálogo, no respeito, na educação, num formato de liberalismo político estabelecendo uma liberdade política, tolerante, porém condicionada no respeito cívico e na tolerância.

Finalizando este capítulo, acreditamos e defendemos que a mentira, aquela que todos em algum momento fazem uso, está longe do que chamamos correntemente *fake news*, não só no nome que aparentemente virou uma sigla global, o que realmente chamamos de *fakes*, estão associadas à política.

CAPÍTULO 10

A MENTIRA ATUALMENTE VIROU NEGÓCIO?

Pode parecer muito dura essa afirmação, mas é uma realidade. A informação por meio das plataformas de comunicação passou a ser uma forma de negócio em alguns segmentos, principalmente nas redes sociais, em que os conteúdos pagos já são tão ou mais importantes para o consumo que o conteúdo divulgado publicitariamente por meio das mídias oficiais.

A verdade ou a mentira de uma narrativa ou de uma história estão associadas, na maioria das vezes, a fatos manipulados para influenciar a opinião pública, independentemente da sua veracidade. O importante é que atinja o resultado previsto na sua divulgação.

Relatos e histórias podem até ter uma parcela de verdade quando associados a fatos públicos, porém, quando são reproduzidos, podem entrar num relato ficcional imaginativo, apenas como uma tentativa de valorizar o seu conteúdo sem uma intenção destrutiva; ou, de uma forma negativa falsa, transformando a notícia ainda que associada a uma realidade factual, num viés intencional consciente e negativo, o que chamamos de *Fake News*.

Vamos pensar um pouco: qualquer um de nós, na maioria das vezes, sempre procurou informações que estejam de acordo com as nossas crenças, os nossos pensamentos, as nossas ideias, porém, quando elas estão associadas a pessoas influentes, figuras recomendadas, a nossa credibilidade aumenta, sem esquecer a enorme dificuldade de identificar e controlar, pelas suas características, a disseminação de notícias falsas.

Como a maioria de nós ainda acredita em ética e responsabilidade, quando tomamos conhecimento da realidade dos fatos, acreditamos que a reputação da plataforma ou do autor ficou manchada – ledo engano. A dinâmica da informação, o tempo e a memória curta da sociedade encarregam-se de limpar ou omitir qualquer desculpa, sem esquecer os recursos tecnológicos hoje disponíveis no mercado para qualquer pessoa.

Essa afirmação é uma realidade; esquecer ou relevar são atitudes quase inconscientes do ser humano.

Na verdade, quando se vive numa sociedade de massa, querendo ou não, convivemos com uma cultura de retroalimentação, ou seja, uma cultura de informação baseada em dois sentidos, como sempre, o lado positivo versus o negativo, que estimulam, induzem a condutas quase sempre questionáveis de motivação ideológica, de exaltação.

Neste sentido, e principalmente diante de uma polarização política e de um jornalismo de militância, uma onda avassaladora de notícias falsas cujo desenvolvimento constante e passional torna-se cada vez mais difícil administrar, um círculo vicioso quase semi-inconsciente, que vai engrossando a cada dia, com novos participantes sem nenhum benefício ou relação social, salvo para as publicações alinhadas e comprometidas no aspecto econômico e ideológico, ainda que parte de seus articulistas, por meio do anonimato, não assine os seus próprios artigos.

Alguns acreditam que os apoiadores são uma minoria. Discordamos diante da grande massificação de informações, inclusive as editadas diariamente pelos meios midiáticos, cujo objetivo é atender a partidos e governo igualmente comprometidos, por uma disseminação partidária e ideológica, aviltando e comprometendo a política democrática

Quais são as vantagens? Os grupos, mesmo que compartilhem os mesmos objetivos ideológicos, têm um papel individual, não se conhecem, não têm normas comportamentais, não são organizados e são de extratos sociais diferentes; da mesma forma a sua segmentação; porém, a grande maioria dos seus usuários difere na finalidade social.

Temos a grande minoria que quer aparecer, depois temos os grupos políticos apoiados pela grande imprensa – apoio inclusive econômico –, na prática, os grupos econômicos salvaguardando os seus interesses pessoais, os estudantes e professores universitários, o governo e a grande massa, a turba do quanto pior melhor.

Porém, existe um ponto de união entre todos na grande indústria das *fakes*: a irresponsabilidade pela divulgação e a responsabilidade dos formadores de opinião apoiados pelos meios midiáticos e econômicos pela sua divulgação, todos com um objetivo em comum, uma determinação compartilhada, um propósito: combater os opositores do governo a qualquer custo, destruir reputações, lideranças políticas, criar manchetes apelativas, destruir valores, criar fatos, inflamar a sociedade com controvérsias populistas e ficcionais, quase sempre divorciadas da realidade, mas utilizadas com estratégia de mobilização política.

Dentro desta realidade, convivemos também com um grupo primário e minoritário que se diverte, transformando as *Fakes* em peças de humor. O direito de opinar, a liberdade de expressão, está sendo substituído pelo totalitarismo ideológico, gerando uma censura radical da militância, da comunicação e de seus comunicadores.

Quem se beneficia realmente do egocentrismo e da liberdade idiota da autoafirmação?

Tudo depende do ponto de vista! Mas quem realmente usufrui com a popularização, ou melhor, com o uso indiscriminado da palavra ou da tema *Fake News*, são os políticos, preservando as suas benesses, os radicais da extrema esquerda e direita, o governo defendendo a sua bandeira socialista, uma falsa democracia e, de alguma forma, a parte da sociedade mais necessitada, tanto social quanto economicamente, temendo perder benefícios sociais, esquecendo que os governos gastam mais em benefícios próprios, alianças e propaganda do que em educação, saúde e saneamento básico.

Diante dos fatos e fraudes reconhecidas, quando os seus usuários são questionados, todos resgatam as promessas feitas eleitoralmente como uma justificativa, uma garantia, alguns vão mais longe!

- Não vou publicar mais nada, vou descartar a partir de agora todos os conteúdos, todas as informações sem credibilidade. Uma verdade ou uma piada de mau gosto?

Em quem realmente queremos acreditar?

CAPÍTULO 11

OCORRÊNCIAS BÍBLICAS E AS *FAKE NEWS*

– PROCESSOS ENGANOSOS SOBRE A ÓTICA HISTÓRICA

É bastante oportuno, no momento que se trava tantas batalhas de caráter religioso no Oriente, que façamos um passeio pela história e entendamos os reflexos das *fake news*, que não são coisas de agora, sobre a narrativa de um grande estudioso no assunto, o teólogo, ministro da palavra, Ezequiel Boita (ezequielboita510@hotmail.com)

1ª citação:

Adão e Eva, a origem do pecado Gênesis

A serpente (Lúcifer) engana Eva — Eva e depois Adão comem do fruto proibido — A Semente da mulher (Cristo) ferirá a cabeça da serpente — Explica-se o papel da mulher e o do homem — Adão e Eva são expulsos do Jardim do Éden — Adão preside — Eva torna-se a mãe de todos os viventes.

A origem do pecado, representada pela história de Adão e Eva, relato encontrado no livro de Gênesis, fornece-nos não apenas uma narrativa histórica, mas também profundas lições sobre a natureza humana e a graça redentora de Deus.

1. A criação e a responsabilidade humana

No princípio, Deus criou o homem e a mulher à Sua imagem e seme-lhança, dando-lhes a responsabilidade de cuidar do jardim do Éden. Eles viviam em perfeita comunhão com Deus, desfrutando da Sua presença e da harmonia com a criação.

2. A tentação e a queda

No entanto, a serpente astuta introduziu a dúvida e a desconfiança na mente de Eva, questionando a bondade e a veracidade das palavras de Deus. O desejo de ser como Deus e a busca pela sabedoria própria levaram à decisão fatal de desobedecer ao comando divino. Adão e Eva comeram do fruto proibido, introduzindo, assim, o pecado no mundo.

3. As consequências do pecado

A queda teve ramificações profundas. A harmonia original foi que-brada, a morte entrou no mundo, e a humanidade foi separada da presença direta de Deus. A dor, o sofrimento e a luta tornaram-se partes integrantes da experiência humana.

4. A promessa de redenção

Apesar das consequências do pecado, Deus, em Sua misericórdia, não abandonou a humanidade. Mesmo enquanto pronunciava as consequên-cias da desobediência, Ele ofereceu uma promessa de redenção. O próprio Evangelho, em Gênesis 3:15, fala de uma semente da mulher que esmagaria a cabeça da serpente, apontando para o futuro Messias, Jesus Cristo.

5. Lições para nossas vidas

A importância da obediência a Deus e da confiança em Sua Palavra.

A consciência da tentação e a necessidade de resistir ao mal.

A compreensão de que o pecado tem consequências, mas a miseri-córdia de Deus prevalece.

Conclusão: Essa é a história da primeira mentira que satanás conta a Eva, ele como o pai da mentira em que todos os pecados são originais em que uma mentira leva consequências horríveis, ou seja, ele pega uma ordem de Deus e inventa uma narrativa quando Deus disse que: "de todas as árvores poderás comer, mas da árvore do fruto do bem e do mal não comerás".

O diabo diz certamente poderás comer é serás semelhante a ele ora o próprio diabo sabia que isso não seria possível porque ele mesmo era lá do céu o anjo de luz ou lúcifer o aferido de medidos dos céus tentou ser igual a Deus e pelo orgulho vou lançado Lá de cima agora sabendo que tinha perdido sua glória replica as mentiras destruindo ou tentando destruir aquilo que Deus havia criado: o homem sua imagem e semelhança

A história de Adão e Eva lembra-nos da fragilidade humana, da realidade do pecado e da necessidade de um Salvador. Em Jesus Cristo, encontramos a resposta para o pecado original, pois Ele veio para restaurar o relacionamento perdido entre Deus e a humanidade.

Que possamos aprender com as lições dessa narrativa, buscando viver em obediência a Deus, resistindo à tentação e confiando na obra redentora de Jesus Cristo.

2ª citação:

Título: Esaú e Jacó: Escolhas, Bênçãos e o Plano de Deus

Gênesis 25:26 afirma que Esaú nasceu antes de Jacó, que saiu segurando o calcanhar de seu irmão mais velho como se estivesse tentando puxar Esaú de volta ao útero para que ele pudesse ser o primogênito. O nome Jacó significa que ele agarra o calcanhar, uma expressão idiomática hebraica para comportamento enganoso.

Introdução:

Vamos explorar a história de dois irmãos muito conhecidos na Bíblia: Esaú e Jacó. Suas vidas e escolhas nos ensinam lições importantes sobre decisões, bênçãos e o plano de Deus. À medida que mergulhamos nessa narrativa, vamos refletir sobre como isso se aplica às nossas próprias vidas e como as *fake news* funcionavam na época.

I. Escolhas e prioridades:

Esaú e Jacó eram filhos de Isaque e Rebeca e, desde o ventre de sua mãe, já lutavam um com o outro. A primeira lição que aprendemos com eles é sobre escolhas e prioridades. Esaú, o primogênito, trocou seu direito de primogenitura por um prato de comida, demonstrando que ele valorizou as necessidades imediatas sobre as bênçãos futuras.

II. O engano de Jacó ao seu pai Isaque:

Por outro lado, Jacó, o filho mais jovem, enganou seu pai, Isaque, e recebeu a bênção que originalmente pertencia a Esaú. Jacó enganou seu pai usando pele de cabra para se parecer com Esaú e assim recebeu a bênção. Isso nos lembra que escolhas erradas e as *fake news* não só puderam trazer benefícios temporários, mas também consequências graves.

III. Arrependimento e restauração:

Esaú ficou furioso quando descobriu o que Jacó havia feito e jurou matá-lo. No entanto, ao longo do tempo, Esaú amadureceu, e seu coração se abrandou. Quando finalmente se encontraram novamente, Esaú perdoou Jacó. Essa parte da história nos lembra que, mesmo quando cometemos erros, o arrependimento e a restauração são possíveis pela graça de Deus. Eis, portanto, as adaptações ao processo enganoso com objetivo de se ajustar a uma nova realidade

IV. O plano de Deus:

É interessante notar que, apesar dos enganos e das escolhas equivocadas de Jacó, Deus tinha um plano para ele desde o início. Deus mudou o nome de Jacó para Israel, e ele se tornou o pai das 12 tribos de Israel, que se tornaram a nação escolhida de Deus. Daí o surgimento do nome da Nação Israel.

V. Conclusão:

A história de Esaú e Jacó ensina-nos que nossas escolhas têm consequências e que o engano não é o caminho certo para obter bênçãos. No entanto, também nos mostra a importância do arrependimento e da restauração, bem como o plano soberano de Deus, que pode superar nossos erros e ajustar-se à nova realidade.

Assim como Esaú e Jacó, cada um de nós enfrenta escolhas em nossa jornada de vida. Podemos escolher seguir o caminho de Deus, valorizando bênçãos espirituais acima dos temporais, e podemos confiar no plano Divino para nossas vidas.

Que possamos aprender com essas lições e buscar a orientação de Deus em todas as nossas escolhas, confiando em Sua graça e Seu plano soberano.

3ª citação:

Princípios de honra e lealdade e verdade, pecados e deslealdade e suas consequências

2 Samuel 11:2-4 NVI Uma tarde Davi se levantou da cama e foi passear pelo terraço do palácio. Do terraço, viu uma mulher muito bonita, tomando banho, e mandou alguém procurar saber quem era. Disseram-lhe: "É Bate-Seba, filha de Eliã e mulher de Urias, o hitita". Davi mandou que a trouxessem e se deitou com ela, que havia acabado de se purificar da impureza da sua menstruação. Depois, voltou para casa.

Introdução:

Uma história poderosa e comovente da Bíblia que envolve dois homens notáveis e nos mostra as consequências das *fake news* desde aquela época: o Rei Davi e Urias, o hitita. Esta história nos ensina lições profundas sobre o arrependimento, a mentira, a graça de Deus e as consequências de nossas ações. Vamos mergulhar neste relato e extrair valiosos ensinamentos para nossas vidas.

I. O pecado de Davi:

A história começa com o rei Davi, um homem que Deus havia escolhido e ungido para liderar o povo de Israel. No entanto, mesmo sendo um homem, segundo o coração de Deus, Davi cometeu um pecado grave ao ceder à tentação da luxúria e do adultério, com posturas enganosas. Ele viu Bate-Seba, a esposa de Urias, tomando banho e caiu em pecado.

Davi cometeu um erro monumental, mas o mais surpreendente é que ele tentou encobrir esse pecado, de forma enganosa, levando-o a cometer um pecado ainda maior: o assassinato de Urias, o marido de Bate-Seba.

Num tempo em que os reis iam para a guerra, Davi fica no seu palácio. Numa manhã, abre sua janela e vê Bate-Seba, mulher linda e desejada, porém mulher do soldado Urias. Davi, porém, a manda chamar e se deita com ela. Logo após, ela volta para sua casa. No entanto, meses depois vem a notícia que ela está grávida.

Davi, querendo encobrir seu pecado, manda chamar Urias e pede a ele que vá se deitar com sua mulher. Urias, porém, numa atitude de honra e respeito a sua nação, diz ao rei: "como posso eu estar aqui e ir me deitar com minha mulher enquanto meus irmãos estão defendendo nossa nação". Vendo aquela atitude, o rei, mais uma vez, desenvolve um plano para encobrir o seu pecado diante de todo o Israel e chama novamente Urias. Escreve uma carta determinando colocá-lo no front da batalha para que venha a morrer e a entrega a carta nas mãos do próprio Urias, que a leva sem questionar ou abrir e, assim, entrega ao oficial do exército, que cumpre a palavra dita pelo seu rei.

Urias é enviado para o front da batalha e vem a morrer inevitavelmente.

Logo após o ocorrido, Davi toma Bate-Seba por sua mulher, já que. pelo costume, os reis tinham o direito de se casar com as viúvas.

Quando tudo parecia sob controle, surge à sua casa o profeta Nata Davi. Nesse momento, já tinha um filho com Beta-Seba, e o profeta faz a seguinte pergunta: "Tem um homem com várias ovelhas e outro somente com uma ovelha, este que tem várias ovelhas olha o diz gostei dessa ovelha e manda matar, e a toma para si, do que é merecedor esse homem, Davi"?

Davi responde: "esse homem é digno de morte". Então o profeta responde: "esse homem ÉS tu".

Porque fizeste mau a Urias e tomaste a sua mulher, assim, diz o senhor, este teu filho morrerá, e a espada jamais sairá da tua casa.

Após ouvir do Senhor, por meio do profeta Natã, pelos pecados que tinha cometido e pelas consequências que sofreria por isso, o coração de Davi foi quebrantado e ele confessou arrependido: "Pequei contra o SENHOR".

II. A convicção de Deus:

Deus não deixou o pecado de Davi passar despercebido. Ele enviou o profeta Natã para confrontar Davi com sua transgressão. Natã contou a Davi uma parábola sobre um homem rico que roubou a única ovelha de um homem pobre, ilustrando, assim, o pecado de Davi contra Urias. Davi reconheceu seu pecado e confessou: "Pequei contra o Senhor".

III. O arrependimento sincero de Davi:

O coração de Davi estava quebrantado, e ele buscou o perdão de Deus com um arrependimento sincero. Ele escreveu o Salmo 51 como uma expressão de seu arrependimento, suplicando a Deus por misericórdia e perdão.

IV. A graça de Deus:

A história de Davi e Urias também nos mostra a imensa graça de Deus. Apesar dos pecados graves de Davi, Deus não o abandonou. Deus perdoou Davi quando ele se arrependeu sinceramente e restaurou seu relacionamento com ele. Isso nos lembra que não importa quão longe tenhamos ido em nosso pecado, Deus está pronto para nos perdoar quando nos voltamos para Ele de coração quebrantado.

V. As consequências dos pecados de Davi:

Embora Davi tenha encontrado o perdão de Deus, ele ainda enfrentou as consequências de seus pecados. A espada nunca se apartou de sua casa, e a tragédia seguiu sua família até o fim de seus dias. Isso nos lembra que, mesmo quando Deus perdoa nossas ações, ainda podem ter repercussões nas vidas daqueles ao nosso redor; a mentira nunca prospera.

Conclusão:

A história de rei Davi e Urias é uma lição poderosa sobre a importância do arrependimento sincero e da graça de Deus, não obstante a sua mentira. Davi cometeu pecados graves, mas encontrou o perdão de Deus quando se humilhou diante do Senhor. Essa história nos lembra que, independentemente de nossos erros, Deus está pronto para nos perdoar e nos restaurar quando nos arrependemos de coração.

Que possamos aprender com as lições dessa história e buscar a Deus com sinceridade em nossas próprias vidas. Que possamos reconhecer nossos pecados, arrepender-nos sinceramente e experimentar a maravilhosa graça de Deus que nos restaura e nos renova.

4ª citação:

Êxodo 3:1–20; Moisés 1:1-6, 25-26: O Senhor chama Moisés para conduzir os israelitas para fora do Egito.

A vida e o legado de Moisés

Introdução:

Sobre a vida e o legado de um homem extraordinário na história da fé, o profeta Moisés. Moisés foi um instrumento nas mãos de Deus para liderar os israelitas na travessia do deserto e guiá-los em direção à Terra Prometida. Sua jornada é uma fonte de inspiração e ensinamentos valiosos para nossas vidas hoje.

I. A Chamada de Moisés: A história de Moisés começa com seu chamado divino no Monte Sinai. Deus escolheu Moisés para ser o líder do povo Israelita, revelando-se a ele na forma de uma sarça ardente. Deus o instruiu a confrontar o faraó do Egito e a liderar seu povo para fora da escravidão. Moisés hesitou, mas, eventualmente, aceitou a missão divina, demonstrando que mesmo os mais relutantes podem ser usados por Deus para cumprir Seus propósitos.

II. A jornada pelo deserto: A vida de Moisés foi marcada por uma jornada longa e árdua por meio do deserto. Durante esse tempo, enfrentou inúmeras provações e desafios. No entanto, ele manteve sua fé em Deus e continuou a liderar o povo, apoiado pela promessa de Deus de levá-los a uma terra de bênçãos. Isso nos ensina a importância da perseverança e da confiança em Deus, mesmo nas situações mais difíceis.

III. A revelação da lei: Um dos momentos mais significativos na vida de Moisés foi quando ele subiu o monte Sinai e recebeu as Tábuas da Lei diretamente de Deus. Ele trouxe os Dez Mandamentos e outras leis que guiariam o povo de Israel em seu relacionamento com Deus e uns com os outros. Esses princípios continuam a ser uma base importante para a ética e a moral até hoje.

IV. A importância da obediência: Moisés, como líder, enfatizou a importância da obediência às leis de Deus. Ele sabia que a obediência era fundamental para a prosperidade e a bênção do povo de Israel. No entanto, **Moisés próprio cometeu erros, como quando feriu a rocha em vez de falar com ela, o que o impediu de entrar na Terra Prometida. Isso nos lembra que mesmo os líderes mais justos não são perfeitos e pode ter momentos de fraqueza e não cumprir com a verdade prometida,** mas Deus é gracioso e perdoador.

V. No fim da jornada: Moisés deu uma volta por cima e liderou os Israelitas por 40 anos no deserto, até que chegaram às margens do rio Jordão. Ele não viveu para entrar na Terra Prometida, mas Deus permitiu que visse a terra de longe, antes de falecer. Seu legado foi passado para Josué, que continuou a obra de Moisés.

Conclusão:

A vida de Moisés é uma história de fé, coragem e obediência a Deus. Sua jornada pelo deserto e sua liderança exemplar continuam a inspirar gerações. A história de Moisés lembra-nos que Deus usa pessoas comuns para cumprir Seus propósitos extraordinários e que a obediência a Deus e a confiança em Sua direção são fundamentais em nossa caminhada de fé, não obstante as *Fake News*. Que possamos seguir o exemplo de Moisés, confiando na promessa de Deus e buscando obedecer à Sua vontade em nossas próprias vidas.

5ª citação

Título: Jesus e Pilatos: um confronto entre a justiça humana, a divina e a mentira

Jesus perante Pilatos

(Mc 15.2-5; Lc 23.2-5; Jo 18.29-38)

"Jesus estava agora diante de Pilatos, o governador romano, que lhe perguntou: "És o rei dos Judeus?" Respondeu-lhe: "Sim, é como tu dizes".

Introdução:

É oportuno, sob a ótica das *fake news*, examinarmos um dos episódios mais significativos e impactantes da vida de Jesus Cristo: seu encontro com Pôncio Pilatos, o governador romano da Judéia na época. Esse encontro não apenas destaca a contraposição entre a justiça humana e a justiça divina, as *fake news* baseadas nas crenças, mas também nos oferece lições profundas sobre a natureza de Cristo e Sua missão salvadora.

I. O cenário político e religioso:

Para entender o contexto, precisamos considerar a situação política e religiosa da época. A Judéia estava sob o domínio romano, e os líderes religiosos judeus trouxeram Jesus a Pilatos, acusando-o de blasfêmia e sedição contra Roma, **uma mentira com um objetivo espúrio.**

II. Pilatos e sua confrontação com Jesus:

Pilatos, como governador, tinha o poder de decidir o destino de Jesus. No entanto, ele estava em uma situação delicada. Por um lado, ele reconhecia a inocência de Jesus, mas, por outro lado, estava sob pressão dos líderes religiosos e das massas que clamavam por Sua crucificação.

III. O silêncio de Jesus:

Uma característica notável desse encontro é o silêncio de Jesus em grande parte do processo. Ele não se defendeu vigorosamente nem protestou contra as falsas acusações. Isso nos lembra das palavras do profeta Isaías: "Ele foi oprimido e afligido, mas não abriu a sua boca; como um cordeiro foi levado ao matadouro, e como a ovelha muda perante os seus tosquiadores, ele não abriu a sua boca" (Isaías 53:7).

IV. A escolha de Pilatos:

Pilatos, sob pressão, finalmente deu à multidão a escolha entre libertar Jesus ou Barrabás, um criminoso. A multidão clamou por Barrabás e pediu a crucificação de Jesus. Pilatos, embora reconhecendo a inocência de Jesus, lavou as mãos em sinal de sua suposta inocência em relação à morte de Jesus, entregando-o para ser crucificado.

V. A justiça divina:

Aqui, vemos claramente o contraste entre a justiça humana e a justiça divina. Pilatos cedeu à pressão política e popular, enquanto Jesus suportou o sofrimento e a morte injusta para cumprir o plano divino de redenção da humanidade.

Conclusão:

A história do encontro entre Jesus e Pilatos lembra-nos da centralidade de Cristo em nossa fé e da natureza sacrificial de Sua missão. Jesus suportou o julgamento injusto, a humilhação e a crucificação para que pudéssemos ser reconciliados com Deus.

Às vezes, somos confrontados com escolhas difíceis em nossas vidas, em que a pressão da sociedade ou o desejo de agradar aos outros podem levar-nos a decisões erradas. Devemos lembrar que Jesus escolheu o caminho da obediência a Deus, mesmo que isso implicasse sofrimento.

Que possamos aprender com o exemplo de Jesus e buscar viver de acordo com a vontade de Deus em todas as circunstâncias, confiando que Sua justiça prevalecerá, mesmo quando a justiça humana falhar.

CAPÍTULO 12

A DISSONÂNCIA COGNITIVA (DC) E AS *FAKE NEWS*

Criado pelo psicólogo social Leon Festinger, a existência de dissonância ou inconsistência é o resultado de um desconforto emocional que ocorre quando os fatos ou as evidências contrariam as crenças ou cognições de uma pessoa ou um grupo de pessoas. Por conta disso, os produtores de *Fake News* procuram construir inicialmente certas crenças, e a partir daí passa a existir um terreno fértil para a proliferação de notícias falsas. Devemos ressaltar que a DC é um viés cognitivo que ocorre quando as pessoas precisam dar coerência às suas crenças, mesmo quando estas são desmentidas pelos fatos.

A incapacidade do ser humano em viver em contradição incentiva a produção de novas crenças e colabora para a polarização de ideias e discursos de ódio nas redes sociais, coisa muito presente atualmente na política.

O cartunista argentino Daniel Paz conseguiu explicar em uma charge, de forma brilhante, a correlação entre dissonância cognitiva e as *Fake News*.

Nela aparece uma filha dizendo ao Pai que aquilo que ele vê no computador é uma notícia falsa. Então, o Pai refuta a filha: "Mas como pode ser notícia falsa, se diz exatamente o que eu penso?".

A incapacidade do ser humano em viver em contradição incentiva a produção de novas crenças e colabora para a polarização de ideias e discursos de ódio nas redes sociais.

Segundo o professor de Comunicação Digital Luli Radfahrer, da Escola de Comunicação e Artes da USP:

> [...] ao longo de nossa existência, nós passamos por conflitos internos, que acabam por nos causar dúvidas sobre nossas **crenças**, sobre quem verdadeiramente somos, sobre o que queremos para nós, entre muitos outros pontos que nos levam aos mais diversos tipos de reflexões sobre nós mesmos.

Enfatiza o professor que, geralmente, esses **conflitos** surgem nos momentos que nos vemos diante da necessidade de tomar decisões que vão nos afetar de alguma forma. Isso porque o processo decisivo nos coloca diante de nossas crenças e congruências internas, sendo que devemos levar tudo isso em consideração para decidir por algo que esteja de acordo com o que acreditamos; caso o contrário, ou seja, se decidirmos por algo que vá na direção contrária a tudo isso, seremos obrigados a lidar com uma juíza implacável: a nossa consciência.

O professor Radfahrer afirma que o ser humano possui necessidade de se livrar das contradições. Portanto, a dissonância cognitiva incentiva a produção de novas crenças, ou a modificação das já preexistentes, e é perceptível quando o indivíduo, por exemplo, nega os efeitos maléficos do cigarro ou quando desvaloriza a capacidade catastrófica do aquecimento global. Em busca de cessar as contradições, "é muito mais fácil assumir que o aquecimento global não vai existir ou que HIV não causa Aids do que a pessoa mudar de comportamento".

A dissonância cognitiva colabora na relativização dos discursos e, segundo o professor, está por trás de boa parte da polarização do discurso de ódio nas redes sociais, porque é muito mais confortável alterar a realidade do que admitir o erro. Chega o momento em que se têm duas realidades tão diferentes que são dois mundos que não conseguem se falar. e a gente vê isso o tempo todo.

O **ser humano** visa a encontrar coerência entre suas cognições (comportamentos, conhecimentos, opiniões e crenças), sendo que, quando esse equilíbrio não existe, ocorre a dissonância. Nela, a pessoa se depara com a distância entre o que ela acha correto e deseja, com o que de fato ela faz e realiza, e isso causa estresse e desconforto mental.

A dissonância cognitiva, além de aparecer em diferentes situações da vida de uma pessoa, também pode manifestar-se na ideologia política. O eleitorado, para votar em determinado candidato, deveria buscar informações, realizar pesquisas, escutar opiniões de terceiros, analisar as necessidades do país, fazer avaliações e, só depois, de forma racional, decidir sobre o seu voto. Mas não é isso que acontece; é influenciado por propagandas enganosas, subliminar, construção de *deepfakes*, divulgando mentiras ou propostas que os eleitores gostariam de ouvir, propalando sem compromisso com a verdade e suas realizações futuras.

Segundo os especialistas no assunto, a DC "é um estado de tensão ou impulso semelhante ao da fome que motiva a pessoa a tentar reduzir, através da construção de novas crenças, e desta forma, alcançar a consonância ou consistência induzidas pelas informações falsas".

Mudar crenças disfuncionais enraizadas é uma das principais partes das *fake News* e expor as ideias conflitantes diretamente para não gerar uma dissonância cognitiva muito desconfortável e pouco eficaz para mudar crenças. Por isso, ao invés de impor ideias, procuram usar da persuasão para a construção de novas crenças e novos paradigmas.

Segundo os psicólogos sociais, existem quatro paradigmas teóricos sobre a dissonância cognitiva, sobre o estresse mental sofrido por pessoas expostas a informações inconsistentes, às crenças individuais, ideais ou valores trabalhados pelos profissionais de *fake news*:

(1) **a refutação da crença**: o que acontece depois de uma pessoa agir de maneira inconsistente em relação aos seus agentes receptores ou a suas perspectivas intelectuais anteriores;

(2) **a conformidade induzida**: o que acontece depois que uma pessoa toma decisões;

(3) **a livre escolha**: quando uma escolha é feita, naturalmente surge uma dissonância, pois cada um dos aspectos negativos da alternativa escolhida e positivos da alternativa refutada são dissonantes com a decisão tomada;

(4) **a justificação de esforço**: os efeitos sobre uma pessoa que gastou muito esforço para alcançar um objetivo. Comum a cada paradigma da

dissonância cognitiva é o princípio: pessoas investem em determinada perspectiva quando são confrontadas para justificar a retenção de uma perspectiva desafiadora.

Encontre fontes: <u>ABW</u> · <u>CAPES</u> · <u>Google</u> (<u>N</u> · <u>L</u> · <u>A</u>)

Um dos exemplo de dissonância cognitiva, publicado em 1956, "<u>When Prophecy Fails</u>", é um texto clássico em psicologia social escrito por Leon Festinger, Henry Riecken e Stanley Schachter. Os autores narram um estudo que fizeram sobre uma seita apocalíptica de Chicago, liderada por **Dorothy Martin**. A "visionária" dizia ter recebido mensagens de um grupo de seres superiores de outro planeta, chamado "Clarion".

A mensagem era a de que o **mundo seria destruído por uma enchente** no dia 21 de dezembro de 1954. Mas os verdadeiros fiéis seriam salvos por discos voadores, à meia-noite do dia do início da inundação.

Seguindo a Sra. Dorothy, muitos crentes abandonaram seus empregos, venderam seus bens para dar dinheiro para a seita, abandonaram seus estudos e terminaram relacionamentos com não crentes. Os seguidores acreditavam que seriam resgatados por discos voadores de "Clarion" e salvos do dilúvio.

Como o dilúvio não veio e muito menos os discos voadores, a Sra. Dorothy teoricamente deveria ter sido desmascarada. Diferentemente disso, todos foram tomados de júbilo e se tornaram ainda mais fiéis porque ela afirmou que o mundo foi poupado como prêmio pela confiança deles.

Segundo Festinger, a **dor emocional** de admitir o erro seria tão elevada para aqueles que tinham alterado de forma tão substancial suas vidas que seria menos oneroso emocionalmente **continuar acreditando nos princípios errados daquela seita**.

Ainda de acordo com Festinger, *a dissonância cognitiva é a melhor maneira de se provocar uma mudança de atitude duradoura*. Porém, antes de entender isso, é preciso explicar o conceito de atitudes.

A **atitude** é uma organização duradoura entre componentes afetivos, cognitivos e comportamentais. Ou seja, *uma atitude é formada de acordo com o que você sente sobre alguma coisa* (sendo a favor ou contra), o que você pensa sobre essa coisa e a maneira que você se comporta diante dessa coisa. Quando

FAK3 NEWS: O PODER DA MENTIRA NA SOCIEDADE CONTEMPORÂNEA

tudo isso está alinhado, há uma atitude. Se não, temos uma dissonância cognitiva. Como a dissonância cognitiva tem um forte impacto no nosso emocional, somos forçados a mudar nossa atitude a respeito de algo para podermos ficar bem novamente.

Uma ilustração clássica de dissonância cognitiva é expressa na **fábula** "A raposa e as uvas", por **Esopo** (cerca de 620-564 a. C.). Na história, uma raposa vê algumas uvas e quer comê-las. Quando a raposa é incapaz de pensar em uma maneira de alcançá-las, decide que não vale a pena comer, com a justificativa de que as uvas, provavelmente, não estão maduras ou que são azedas. A moral que acompanha a história é "Qualquer tolo pode desprezar o que ele não pode ter".

Existem três formas de se procurar eliminar a dissonância:

1. O indivíduo tenta substituir uma ou mais crenças, opiniões ou comportamentos que estejam envolvidos na dissonância;

2. O indivíduo tenta adquirir novas informações ou crenças que aumentarão a consonância;

3. O indivíduo tenta esquecer ou reduzir a importância daquelas cognições que mantêm a situação de dissonância.

A dissonância pode resultar na **tendência de confirmação**, na **negação de evidências** e em outros **mecanismos de defesa** do **ego**. Quanto mais enraizada nos comportamentos do indivíduo uma crença estiver, geralmente mais forte será a reação de negar crenças opostas.

Em defesa ao ego, o ser humano é capaz de contrariar mesmo o nível básico da lógica, podendo negar evidências, criar **falsas memórias,** distorcer percepções, ignorar afirmações científicas e até mesmo desencadear uma perda de contato com a realidade.

Portanto, a DC pode levar à negação da realidade. **A incapacidade do ser humano em viver em contradição incentiva a produção de novas crenças e colabora para a polarização de ideias e discursos de ódio nas redes sociais, fato que vem ocorrendo atualmente no Brasil.**

CAPÍTULO 13

"AS *FAKES NEWS* PROSPERAM NA AUSÊNCIA DE TOLERÂNCIA" (BRAGA, 2018)

Vale ressaltar que o termo pós-verdade se confunde, muitas vezes, com a mentira, embora sejam bem diferentes um do outro. **Segundo o historiador Karnal (2017), "O termo pós-verdade faz crer que toda mentira seja uma pós-verdade".**

Mais adiante, teceremos comentários sobre a pós-verdade.

Notícias falsas é um conceito bastante aberto e inclusive para os estudiosos de mídia. O que é uma notícia falsa?

Notícias são baseadas em fatos reais?

Podemos chamar um fato verdadeiro de falso?

Sim, o fato pode ser real, porém o emissor ou o receptor podem, intencionalmente ou não, adulterar o fato, da mesma forma, fazer uma história falsa e transformá-la em real, inclusive, muitas vezes relatadas por meio das mídias tradicionais.

Com o devido respeito à autoria do manual transcrito, a seguir, ressalto a sua importância e iniciativa.

Com o objetivo de impedir a divulgação de notícias falsas no Facebook, a rede social criou uma espécie de "manual". No total, a rede dá 10 dicas e informa que o conteúdo tem apoio da Associação Brasileira de

Jornalismo Investigativo (Abraji) e do Instituto de Tecnologia & Sociedade do Rio de Janeiro.

1. **Seja cético com as manchetes.** Notícias falsas frequentemente trazem manchetes apelativas em letras maiúsculas e com pontos de exclamação. Se alegações chocantes na manchete parecerem inacreditáveis, desconfie.

2. **Olhe atentamente para a URL.** Uma URL (endereço na web) semelhante à de outro site pode ser um sinal de alerta para notícias falsas. Muitos sites de notícias falsas imitam veículos de imprensa autênticos fazendo pequenas mudanças na URL. Você pode ir até o site para verificar e comparar a URL de veículos de imprensa estabelecidos.

3. **Investigue a fonte.** Certifique-se de que a reportagem tenha sido escrita por uma fonte confiável e de boa reputação. Se a história for contada por uma organização não conhecida, verifique a seção "Sobre" do site para saber mais sobre ela.

4. **Fique atento a formatações incomuns**. Muitos sites de notícias falsas contêm erros ortográficos ou apresentam *layouts* estranhos. Redobre a atenção na leitura, se perceber esses sinais.

5. **Considere as fotos.** Notícias falsas frequentemente contêm imagens ou vídeos manipulados. Algumas vezes, a foto pode ser autêntica, mas ter sido retirada do contexto. Você pode procurar a foto ou imagem para verificar de onde ela veio.

6. **Confira as datas.** Notícias falsas podem conter datas que não fazem sentido ou até mesmo datas que tenham sido alteradas.

7. **Verifique as evidências.** Verifique as fontes do autor da reportagem para confirmar que são confiáveis. Falta de evidências sobre os fatos ou menção a especialistas desconhecidos pode ser uma indicação de notícias falsas.

8. **Busque outras reportagens.** Se nenhum outro veículo na imprensa tiver publicado uma reportagem sobre o mesmo assunto, isso pode

ser um indicativo de que a história é falsa. Se a história for publicada por vários veículos confiáveis na imprensa, é mais provável que seja verdadeira.

9. **A história é uma farsa ou uma brincadeira?** Algumas vezes, as notícias falsas podem ser difíceis de distinguir de um conteúdo de humor ou sátira. Verifique se a fonte é conhecida por paródias e se os detalhes da história e o tom sugerem que pode ser apenas uma brincadeira.

10. **Algumas histórias são intencionalmente falsas.** Pense deforma crítica sobre as histórias lidas e compartilhe apenas as notícias que você sabe que são verossímeis. Fonte: Facebook.

Vamos transcrever, a seguir, um artigo que saiu no *Jornal da USP*, escrito pela professora Janice Theodoro da Silva, aposentada titular do Departamento de História da Faculdade de Filosofia, Letras e Ciências Humanas (FFLCH) da USP, que ilustra bem o enfoque sobre o protagonismo das redes sociais e sua influência na produção de *fake news*.

As redes sociais interferem profundamente na vida dos ínvidos qualquer que seja sua classe social, econômica ou qualquer outro tipo de estratificação, oferece a oportunidade das pessoas se transformarem em protagonistas, influenciadores capazes de atuarem na moda no consumo, na forma de avaliar e de ditar comportamentos sociais, éticos e morais.

É comum qualificar uma notícia de impacto da seguinte forma: se um cachorro morde um homem, o fato não é notícia, não chama a atenção. mas, se um homem morde um cachorro, podemos ter uma boa matéria e muitos leitores. Esse é o mistério das *fake news*. Se a notícia ou a intervenção for extravagante, do tipo tomar vacina e virar jacaré, afirmar ser a Terra plana ou sustentar a existência de remédios miraculosos para curar o câncer, emagrecer ou não envelhecer, dependendo da narrativa, pode ter muito sucesso nas redes. Ao apresentar uma matéria, foto ou acontecimento absurdo, a tendência é chamar a atenção do público provocando nas redes um número grande de visualizações.

Antigamente, antes do uso intensivo das redes, o *protagonismo* dependia em grande medida de acesso a grupos que detinham o monopólio do conhecimento, o monopólio do poder político, o monopólio do poder econômico, os micros poderes nem sempre visíveis.

A novidade da internet não foi o uso da *notícia extravagante*, mas o fato de um internauta poder se tornar uma espécie de empreendedor compulsivo, integrado ao mercado, vendendo o absurdo. É possível empreender com apenas um celular nas mãos. Este é o capital necessário para o novo empreendedorismo. Os exemplos são muitos. É possível encontrar uma comunicadora de sucesso porque ela encontrou a fórmula certa para ensinar a fazer maquiagem, um especialista em cachorros que lambem a pata ou mesmo comunicadores com formação em filosofia, em história ou em medicina.

A extensa e rígida estratificação social fortaleceu as desigualdades, criou injustiças de todas as naturezas, sendo *um* elemento, entre tantos outros, de divisão e fragilização da democracia. A democracia, apesar das suas inúmeras vantagens, foi responsável pela criação de uma *invisibilidade social* sem chance de superação, dependendo do grupo social de origem. Não se iludam com a meritocracia, ela também é marcada por imensos privilégios e exclusão.

As redes e as *fake news* permitiram a quebra desse monopólio e se apresentam como espaço da liberdade e da visibilidade. Não é mais necessário fazer parte de um partido político para fazer política, não é mais necessário ser contratado por uma rede de comunicação para ser jornalista, não é mais necessário ser escolhida por uma agência de modelos para ser modelo. O que é mais complicado: não é mais necessário dizer a verdade, e são frágeis os instrumentos de controle para ordenar as fantasias, os desejos e, especialmente, a ética no mundo virtual.

Hoje, liberdade quer dizer ter espaço para ser protagonista, independentemente das redes de poder.

Esse é ao mesmo tempo o novo campo de exercício arbitrário da liberdade e do *protagonismo*, às vezes justo, às vezes injustas. O *protagonismo* (*liber-*

dade) é possível nas redes para qualquer um, "normal" ou maluco, racional ou irracional, rico ou pobre. O *protagonismo* (*liberdade*) atual permite a ruptura de *estratégias de silenciamento* montadas, desde o início da modernidade, por estruturas e monopólios de poder e riqueza. Hoje, *qualquer pessoa* com um celular na mão tem acesso a pessoas, países e instituições, impossível antes da comunicação em rede.

O resumo desta ópera é: o vínculo entre o sentimento de liberdade e o protagonismo é possível para qualquer um nas redes sociais. A sensação é: liberdade.

A história tem dois lados. Um lado em que podemos analisar discutir e denunciar as redes sociais pela falta de ética por uma parte da sociedade (o que é verdade), e um outro lado, o lado da responsabilidade das elites ao ter favorecido durante séculos o silenciamento, o emburrecimento e a exclusão do consumo, do conhecimento e do prazer, de grande parte da sociedade.

Por seu turno, um artigo veiculado pelo UOL alerta que o físico alemão Albert Einstein temia o dia em que a tecnologia superaria a interação humana. Contudo, com o avanço da internet após a revolução tecnocientífica, **simultaneamente,** as redes sociais se transformaram em protagonistas da era contemporânea. Em síntese, suas influências provocaram demasiadamente facilidade na comunicação, **ao mesmo tempo** que os usos excessivos dos mecanismos tecnológicos comprometem os relacionamentos sociais.

A Primavera Árabe foi uma onda de protestos que ocorreu em vários países do Oriente Médio, **restaurando-se** governos ditatoriais, com grande importância para o mundo político atual. Ademais, seu principal precursor foram as redes sociais que disseminaram informações e sensibilizaram a população a se integrar na revolução. Logo, é uma consequência da globalização que mecanismos tecnológicos aproximem a diversidade, cultura e notícias rapidamente.

Um estudo realizado pela agência de saúde pública de Ottawa, Canadá, traz que o uso excessivo de redes sociais provoca sérios prejuízos à saúde psicoemocional de forma que os índices de ansiedade e depressão disparam, dessa forma maléfica a concentração e o desempenho em diversas áreas sociais. Além disso, há a dificuldade de possuir privacidade, pois essas redes **preservam** frequentemente a exposição de seus usuários.

Em suma, devido ao grande destaque das redes sociais cotidianamente, é imprescindível sua importância à repercussão para a difusão de conhecimento, porém seu uso desmedido é um problema gradativo e, portanto, deve ser limitado e monitorado pelos pais – ao se tratar de adolescentes – ou pelas empresas. Também, é cabível aos órgãos públicos usar de campanhas nos próprios meios tecnológicos, para alertá-los de seus malefícios.

CAPÍTULO 14

ESTAMOS VIVENDO UMA INVERSÃO DE VALORES

Polarização política, discursos de ódio, sites com notícias falsas, irresponsabilidade social, desinformação, populismo questionável e irresponsável nas redes e mídias sociais: a comunicação se transformou num grande espetáculo midiático, tendo como palco a intolerância ideológica, o politicamente correto, apoiado em uma falsa e oportunista moralidade.

Assim, quando a verdade ou falsidade de uma notícia, ou de uma história, torna-se pública, está sempre associada à possibilidade de que certas narrativas e boatos viralizarem e se tornarem reais e públicos por meio da realidade fictícia de fatos polêmicos e midiáticos. Mais que uma atitude oportunista, é um abuso estratégico e de quem se esconde atrás das palavras para criar o caos, manchar reputações, disseminar o ódio e conflitos, muitas vezes, resguardado no anonimato partidário e político.

Até onde vai a responsabilidade ou a irresponsabilidade de pessoas e organizações nas suas publicações?

Convivemos com dois pesos e duas medidas, apoiados sem o compromisso ético com a informação parcial, omitindo os valores morais de conduta e a responsabilidade social.

Em primeiro lugar, temos que avaliar o que são de fato informações mentirosas e o quanto essas informações são responsáveis pelo caos político que o Brasil está atravessando.

São informações, manifestos populares, ou histórias forjadas para justificar a utilização de *Fake News*?

Na pior das hipóteses, um processo de censura que os responsáveis pela comunicação, no caso o governo, não querem divulgar? Ou relatos, em princípio, considerados verdadeiros, porém adaptados às circunstancias políticas para parecerem verdadeiros?

A resposta está na realidade política do revanchismo, do ódio que estamos enfrentando, principalmente, por meio da imposição de medidas coercitivas à liberdade de expressão, ao direito constitucional, impedindo que cada cidadão expresse as suas ideias ou os seus pensamentos sem medo de represálias, de punições ou de censura.

Críticas e discórdias não são, necessariamente, ataques à democracia, nem mesmo se as críticas forem pessoais. Discordar não é ofender. Dessa forma, seria importante criar barreiras e salvaguardas evitando decisões políticas que garantissem as liberdades de expressão. Críticas e liberdade de expressão são um direito constitucional, desde que essa liberdade não atinja a honra ou a dignidade de outras pessoas ou entidades.

A liberdade, o direito de opinar, está sendo substituído pelo totalitarismo ideológico, coextensivos à política por meio de uma censura inadequada e radical de alguns comunicadores e de alguns políticos, sempre apoiados por veículos de comunicação, que vestem as cores ideológicas da informação. Na verdade, uma censura ideológica, criminosa, partidária, contra quem não está alinhado ou compartilhando.

Precisamos fugir do espetáculo midiático e valorizar a informação sem partido ou ideologias, sem desvios de conduta, sem a espetaculosidade informativa, principalmente, avaliar quem se beneficia realmente do egocentrismo e da liberdade idiota da autoafirmação; de uma comunicação polarizada que tem como foco o ódio, a intolerância, ou de uma comunicação autoafirmativa que valoriza a linha ideológica ou econômica do jornalismo; uma comunicação por meio de uma metodologia tendenciosa, deliberada, na verdade, um ataque direto e contínuo a toda informação não ideológica.

Não estamos defendendo direita ou esquerda; estamos defendo valores e liberdade sem cerceamentos ideológicos; um direito que respeite, acima de tudo, o direito à informação imparcial.

Diante deste cenário totalitário opressor, não podemos condenar totalmente as *Fake News*, quando elas são uma alternativa, um movimento social, uma rádio pirata, um espaço libertário para criticar, inclusive para falar mentiras, quando elas respaldam e justificam os sentimentos cerceados.

A mentira, ou melhor, as *fakes* são uma linha de defesa por meio da exaltação de opiniões e critérios utilizados para justificar uma realidade ou uma verdade subjetiva, ainda que tenham interferido negativamente em comportamentos questionáveis.

O Brasil e grande parte do mundo estão vivendo um momento único de parcialidade, de ódio, de raiva coletiva, de destruição de famílias, de perda de identidade, um momento de perseguições, de desmandos, administrados com o respaldo de uma justiça partidária, que, em vez de apaziguar a sociedade com bom senso e imparcialidade, baseada nas leis, gera a cizânia, o ódio, a frustração em todos os segmentos da sociedade.

O certo ou errado é relativo, depende apenas do momento, do ponto de vista de quem usufrui com a radicalização da direita ou da esquerda, e vice-versa. Em ambos os lados, a motivação é insuflada por discursos e tentativas frustradas e questionadas sobre a falsa desculpa de um ataque golpista à democracia.

Tudo serve de argumento de perseguição, pensar, discordar ou omitir opinião contrária ao pensamento inquisitivo é passível de prisão ou perseguição, como já foi citado. Desde quando o cidadão é obrigado a seguir uma cartilha ideológica, mesmo levando em consideração que pode estar errado?

É um direito democrático e republicano. Numa sociedade regida por dois pesos e duas medidas, o resultado é claro e, obviamente, nem sempre é correto, dando margem para aproveitadores e gente sem caráter se utilizar, destruindo instituições e reputações sólidas; pior, causando danos irreparáveis à democracia, à cidadania, prejudicando e influenciando processos políticos, com falsas teorias de conspiração, com ódio e radicalismo. Na grande maioria, são histórias fabricadas sem provas, factoides, narrativas doentias, transformando mentiras em verdades absolutas, utilizadas indiscriminadamente, aliás, por ambos os lados.

Cada um tem uma verdade absoluta, e aí cabe-nos avaliar com justiça e seriedade as condutas e a seriedade de quem as propaga. A ignorância e a irresponsabilidade de quem propaga, de ambos os lados, não medem as consequências, acreditando que essa participação irrefletida valoriza a sua imagem.

Podemos até acreditar que a grande maioria age por raiva, por medo, para se defender, para se valorizar. O que não é o caso quando cabe a responsabilidade aos políticos, ao governo que as divulga da mesma forma.

Pergunto estão agindo a que propósito? Na verdade, estamos convivendo com duas realidades. De um lado, uma estratégia política, utilizada para manifestos políticos, críticas e direitos cerceados; do outro lado, o ideológico, o obscuro, que se utiliza das redes sociais, da tecnologia, ou de um movimento desconexo alimentado por um movimento narcisista retraído de autoafirmação.

CAPÍTULO 15

O SHOW ESTÁ NAS MÃOS DAS REDES SOCIAIS

É claro que temos exceções. O tema é importante, porém o protagonismo está na dinâmica do sensacionalismo, nos pré-julgamentos, no falso, no **"politicamente correto"**, permitindo aos autores uma impunidade e uma total falta de responsabilidade perante a sociedade; uma verdade manipulada e apoiada sobre o doce manto ideológico.

O pluralismo e a imparcialidade não passam de frases de efeito, na verdade, uma falácia do quanto pior é melhor. Pergunto: as redes sociais são responsáveis por essa polarização?

Hoje, os consumidores têm voz. As mídias sociais proporcionaram a multilateralidade. Por meio delas, a sociedade pode conectar-se e interagir e não mais depende das mídias convencionais para se manter informada. As mídias sociais são websites e aplicativos de comunicação que conectam pessoas em todo o mundo. Também conhecidas como redes sociais, as mais populares, atualmente, são WhatsApp, Facebook, YouTube e Instagram. Por meio da internet, conectam-se com o mundo, transcendendo barreiras, proporcionando a utilidade de espaço, tempo e lugar.

As redes sociais, independentemente de serem um canal de comunicação, são, na realidade, meios usados arbitrariamente, alguns de forma correta e outros de forma odiosa, irresponsável e até criminosa. Mas, para isso, já existem leis que disciplinam e punem os seus autores, quando identificados. Neste sentido, fazendo uma analogia, pensamos que um carro pode ser uma arma, e uma arma pode ser utilizada para defesa e para matar, tudo depende da índole, dos valores e da educação, sem esquecer que a palavra também causa danos irreversíveis, mesmo que não seja fisicamente.

O palco das vaidades não tem limites, é ou deveria ser democrático, ainda assim, não podemos condenar arbitrariamente uma fonte de informação, uma nova mídia, algumas vezes, com parcialidade e infiltração ideológica.

O problema está na intolerância, na vaidade, na autovalorização, no radicalismo doentio de quem a utiliza e, principalmente, na sua forma de utilização.

Aí nos deparamos com o exibicionismo, com o radicalismo, com a intolerância, com a falta de cultura, com o caos, com a não aceitação política e religiosa, e, para piorar, um radicalismo exacerbado apoiado num falso moralismo.

Estamos vivenciando uma caça às bruxas, um tribunal da inquisição, tudo sobre a tutela de um tribunal subjetivo das redes sociais que julgam, perseguem e condenam com o apoio exacerbado da mídia e de grupos radicais. Para piorar, o governo pretende criar (impor) um comitê de avaliação das *Fake News*.

Aí podemos inquirir: quem é esse comitê, qual é a capacidade e competência, de alguém imposto pelo governo, para avaliar e proibir o pensamento ou a palavra do cidadão?

Quem deu aval a um grupo de indivíduos, a competência de criminalizarem por decreto o direito de alguém expor o seu pensamento? O certo ou o errado, desde que não seja ofensivo à honra, ninguém pode antecipar e cercear liberdades democráticas por meio de regulamentos ou medidas coercitivas.

Será que o governo, legisladores e magistrados acham que os seus cidadãos são criancinhas ou débeis mentais para serem controlados como uma manada de bovinos?

Da mesma forma, não podemos condenar e imputar responsabilidade às *fakes*, à internet, à tecnologia digital; nunca foi um problema. Na realidade, a tecnologia digital é uma alternativa, um canal de comunicação, um portal de informação que veio para ficar. Uso como exemplo as palavras de um famoso comentarista que falou:

"Que culpa tem o carro se o condutor não respeita as leis de segurança ou de transito".

Dessa forma, não podemos culpar a internet ou as redes sociais, da liberdade de expressão. Apenas atenção às notícias, não esquecendo que a desinformação pode contribuir para influenciar os nossos pensamentos, principalmente quando achamos que a notícia é verdadeira.

A tecnologia é um avanço social em todos os campos da sociedade. O problema está na falta de educação, que inclui respeito e ética e a utilização indevida. Ela estará sempre crescendo, se modificando, para atender aos anseios e às necessidades da sociedade.

De acordo com a Constituição Federal de 1988, artigo 5º, parágrafo IV: "É livre a manifestação do pensamento, sendo vedado o anonimato".

Ressaltando, é livre a liberdade de manifestação desde que se respeitem os limites, as liberdades constitucionais, que não são palco para a injúria, para a difamação e calúnia, ou a incitação à violência, que deve ser combatida, seja no mundo real, seja no mundo virtual.

É importante lembrar que a internet é uma conquista, uma ferramenta de comunicação para a sociedade, porém é um espaço público com regras, obrigações e deveres sociais. Em qualquer dos casos, é fundamental ressaltar a responsabilidade e o respeito para com a sociedade.

CAPÍTULO 16

OS PERIGOS DAS *FAKE NEWS*

Na realidade, temos um problema quase insolúvel: como combater as *Fake News*?

Sem desconsiderar que nem todas são degenerativas, nem produzem incitação e preconceito, portanto estão ao abrigo da liberdade de expressão.

Nesse caso, a mentira, boa ou má — se é que existe esse tipo de diferença —, faz parte da realidade do ser humano; todo o mundo, em algum momento da vida, mente. Independentemente das consequências, dos prejuízos até financeiros, algumas mentiras são utilizadas para evitar e justificar problemas, compromissos, até decisões erradas. Sem querer defender a mentira, temos que ter em mente a sua relevância, os prejuízos morais e éticos que podem afetar pessoas e empresas.

Com já falamos anteriormente, acreditamos que a forma mais correta para a solução do fenômeno das *fake news* está na educação e no bom senso, por meio da conscientização pública, bem distante das opções e propostas sugeridas por figuras notórias do governo, com o apoio da justiça, que pode não mentir, mas omite e manipula, dando margem com questionáveis narrativas e acusações, originando penalizações, invasões de domicílio, multas e até a prisões arbitrarias por delito de opinião.

Qual é o resultado?

Um aumento do sentimento de revolta, de mudanças comportamentais e cada vez mais estímulo e incitação ao preconceito, à revolta, ao ódio virulento que está contaminando toda a sociedade; paralelamente, crises econômicas sociais e familiares, surtos de doença e até desmoralização de figuras notórias.

Na verdade, estamos vivendo uma caça às bruxas com a desculpa das *fake news*. **Avaliar a verdade ou a mentira não é difícil, porém o risco está na presunção da verdade, na avaliação de conteúdo e de quem vai ser o árbitro, o réu e o julgador,** independentemente do risco de prisão, salvo em algumas exceções.

Diante deste cenário caótico, temos outro problema: quais as regras para avaliar consequências sociais, muitas vezes baseadas numa mentira simples, uma mentira provocada por raiva ou ciúme?

O problema reside aqui: julgar uma mentira grande ou pequena, uma notícia tendenciosa de opinião e irresponsável, pode evoluir de uma simples averiguação para uma acusação de arbítrio.

O que fazer quando o acusador por decisão arbitrária, onipotente e monocrática, omite a constituição, cerceia os processos à defesa e prende sem a presunção de defesa?

Ninguém questiona a necessidade de se criar uma lei especifica, aliás, já existe uma lei democrática que atende a todos os requisitos, o que ainda não temos é uma lei que puna o abuso de autoridade.

Paralelamente, podemos, também, começar por capacitar julgadores e meios responsáveis, limitar prerrogativas e decisões políticas para não ferirem a chamada liberdade de expressão. Enquanto isso não acontece, o que faremos?

Como distinguir uma mentira de uma verdade? Como explicar o fenômeno das *fake news* que acontece nas redes sociais? Como proceder a investigação de verdade e pós-verdade, com o objetivo de entendermos a procedência da informação? Em que grau as *fake news* promovem conflitos epistemológicos nas mais diversas instâncias, como na política, na saúde, na ciência, no meio ambiente e na economia?

Mediante a percepção de diversos pensadores e especialistas no assunto, tentaremos encontrar respostas sobre os efeitos negativos que as *fake news* provocam numa sociedade marcada pela cibe cultura. Segundo os filósofos estudiosos no assunto, é impossível tentarmos explicar as suas raízes e combatê-las sem entendermos a pós-verdade.

Alguns postulados de figuras históricas sobre o assunto:

Bertrand Russel – "A maioria dos maiores males que o homem infligiu ao homem veio do fato de as pessoas se sentirem certas de algo que, na verdade, era falso".

Zygmunt Bauman – "A única coisa que podemos ter certeza, é a incerteza".

Friedrich Nietzsche – "As convicções são inimigas mais poderosas da verdade do que as mentiras".

Luís Fernando Veríssimo – "Às vezes, a única coisa verdadeira num jornal é a data".

Hannah Arendt – "O servo ideal de um governo totalitário não é o nazista convicto ou o comunista convicto, mas pessoas para quem a distinção entre fato e ficção e entre verdadeiro e falso não existem mais".

William James – "Não há mentira pior do que uma verdade mal compreendida por aqueles que a ouvem".

John F. Kennedy – "Uma nação que tem medo de deixar seu povo julgar a verdade e a falsidade em um mercado aberto é uma nação que tem medo de seu Povo".

Se existem notícias falsas, é porque existem "notícias verdadeiras", enfatiza Daniel Ferraz. "Nessa perspectiva, não se deveria estar discutindo se uma notícia é falsa ou não; se deveria, ao contrário, agravar a discussão mostrando que as notícias não são verdadeiras ou falsas, mas apenas uma versão da realidade; uma versão historicamente contextualizada, construída por alguém que possui interesses, identidades e subjetividade".

Gianni Vattimo aponta para a urgência de se perceber que, da fraqueza de nossa própria verdade, vem a pretensão de validade de outras verdades. "Não se pode silenciar as outras vozes, porque elas também revelam uma perspectiva sobre a verdade e não se pode assumir conhecer a verdade dos outros sem primeiro ouvir as suas palavras, uma vez que a subjetividade permanece sempre opaca e inviolável".

A facilidade de comunicação, multiplicada pela utilização das mídias sociais, deu a oportunidade de crescimento das teorias da conspiração e de mitos, que se espalham de maneira muito rápida, dando margem ao surgimento de aproveitadores, da meia verdade, de sofistas, vendedores de sabedoria e máximas sem comprovação científica e histórica, com objetivos, muitas das vezes, enganosos, vendendo fórmulas mágicas, o sucesso fácil.

O sofisma é a arma utilizada por esses pregadores da mentira. A sabedoria é usada por conveniência em alguma situação, pode ser, por exemplo, o politicamente correto ou para favorecer grupos de interesse. O sucesso fácil e as explicações pouco profundas visam s atingir pessoas fragilizadas, propensas a serem influenciadas por mensagens falsas, fantasiosas.

Algumas pesquisas veem a internet como antídoto para notícias falsas, por meio de agencias de *fact-checking*, que aumentariam a conscientização e equilibrariam a batalha pela verdade dos fatos.

Vivemos na era da hiperinformação, dentro das múltiplas formas de sociedade (Marshall, 2013). A sociedade ainda não superou totalmente a narrativa mítica, tanto para explicar coisas que a ciência não tem resposta satisfatória (por exemplo, a origem da vida, do universo) quanto para aquelas que existem explicações plenamente compreensíveis (como a eficácia ou não de um tratamento médico).

CAPÍTULO 17

COMO LIDAR COM AS *FAKE NEWS*

O governo defende a necessidade de um novo marco legal para combater as chamadas notícias falsas, com a desculpa de ataque à democracia.

Como comunicadores, não somos especialistas em leis, em direito, ainda assim, apenas como cidadãos, questionamos esse marco que cerceia as liberdades constitucionais no país. Achamos que esqueceram o Marco Civil da Internet, lei aprovada em 2014 e que se tornou referência global para a regulação de direitos e deveres no mundo on-line.

Na verdade, o Marco legal é uma Fake, uma falácia, uma estratégia cerceadora, impondo uma regulamentação para retirar conteúdo da internet, uma ação apoiada por partidos e parlamentares das vertentes populistas da esquerda e da direita, que vislumbram uma oportunidade de silenciar vozes dissonantes, calando e violando os direitos fundamentais com as justificativas de falsidade, de ofensa a terceiros, por meio da liberdade de expressão, uma estratégia que limita, assim, o acesso dos usuários à informação, à privacidade das pessoas na internet.

O governo, apoiado pela mídia comprometida, quer tornar-se o dono e guardião da verdade, uma realidade apoiada no abuso do poder, apoiada pelo judiciário e pelos partidos comprometidos. Perguntamos: como fica o poder do Congresso?

"Em março de 2017, os relatores especiais para a Liberdade de Expressão de diversos organismos internacionais, como a ONU, publicaram conjuntamente um

documento intitulado Declaração sobre a Liberdade de Expressão e Notícias Falsas, Desinformação e Propaganda. Entre as recomendações feitas pelos relatores está a de que restrições à liberdade de expressão devem, necessariamente, considerar o interesse público, salvaguardando especificamente casos como incitação à violência ou à discriminação".

"No Brasil, o Marco Civil da Internet – Lei nº 12.965/14 – estabelece que o provedor de aplicações da rede, somente poderá ser responsabilizado civilmente por danos decorrentes de informações geradas por terceiros, se não derrubar o conteúdo após determinação da Justiça".

Os casos relacionados à honra, à reputação ou a direitos de personalidade podem ser apresentadas perante os juizados especiais, Art.19, § 3".

Essas informações tornam claro o objetivo dúbio do governo restringindo a emissão de críticas legítimas e silenciando vozes dissidentes.

Nem todas as *Fakes* são ataques à democracia, como já falamos. Grande parte das *Fakes* são comunicações vazias de conteúdo, algumas até ridículas no seu conteúdo, na sua grande maioria, uma grande oportunidade de valorizar os seus autores, de aparecer, por meio de uma falsa autoafirmação.

Em outras situações, elas têm a intenção de criar polêmica para a mídia gerar notícias bombásticas, aumentado as vendas e alimentando o clima de ódio e confronto. Como já falamos, o mundo vive uma mentira a serviço de interesses pessoais, questionáveis e, algumas vezes, até aceitos.

A democracia ou a falta dela virou um Fla x Flu, uma disputa em que só estão faltando os uniformes para identificar as torcidas, que, mesmo sem uniformes, se agridem, matam e invadem o espaço dos adversários, sempre apoiadas por uma mídia partidária e parcial.

A pluralidade política, aquela que permite à liberdade de expressão a livre escolha, sem os antagonismos ódio ou violência, que é uma prerrogativa da democracia, está esquecida e omitida.

Nos países ditos civilizados, inclusive até alguns sociais democráticos, como os países nórdicos, as várias tendências políticas convivem de forma democrática e respeitosa, levando em consideração que é esse princípio democrático que permite a pluralidade, o convívio e o diálogo construtivo.

O mesmo não acontece nos países socialistas radicais, ou melhor, comunistas ou fascistas, que usam o termo de repúblicas democráticas, como a Coréia do Norte, a China e a Rússia, entre outros.

Mesmo nos Estados Unidos e até na Inglaterra, país símbolo da democracia, os dois partidos que naturalmente se opõem, existe uma disputa partidária, porém respeitando a constituição e os valores morais e fraternais da sociedade. Copiamos modas e convivemos com tendências globais, inclusive o turismo, então, por que não aceitamos o modelo dessas nações?

Sem querermos desviar do objetivo deste livro, as *fake news*, não podemos deixar de omitir o contexto político, a nosso ver, responsável, sem alguma dúvida, pela radicalização generalizada que assola o país.

Como temos demonstrado no decorrer deste livro, não apoiamos a radicalização, a intolerância ou as *fake news*, mas se torna necessário ir ao âmago da questão para entender a motivação e a banalização da notícia, da informação, no formato das *fakes*.

O exemplo que mostramos a seguir, como outros que temos demonstrado no decorrer deste livro, é o de uma *fake* destinada somente a alertar a sociedade de um governo que não respeita os direitos humanos por meio de uma notícia falsa. Dentro de uma mentira, uma oportunidade para alguns, trata-se de uma forma questionável de chamar a atenção. Vejamos:

Uma mulher aparece contando que soldados ucranianos haviam crucificado publicamente um menino de 3 anos de idade diante de sua mãe, como se ele fosse Jesus.

O garotinho gritava, sangrava e chorava". Enquanto isso, diante da imagem de horror, algumas pessoas desmaiavam. O menino sofreu durante uma hora e meia e depois morreu. Posteriormente questionada, a mãe disse que era tudo uma mentira.

Na verdade, nada disso aconteceu, inclusive o local também foi inventado: "A notícia afirma também que o Exército (ucraniano) encurralou os moradores locais na Praça Lênin, na cidade de Sloviansk, mas essa praça não existe".

Apesar disso, e com a declaração de falsa pela mãe, essa notícia teve grande alcance e apareceu em várias mídias e estudos como exemplo de desinformação nos meios modernos de comunicação de massa.

"Como justificativa da mentira, ela afirmou que eles, os militares, levaram as incubadoras e deixaram os bebês morrendo, jogados no chão frio, disse ela, entre lágrimas". O impacto do seu testemunho foi tal, que muitos no Ocidente se convenceram. Objetivo: desmoralizar o governo da Ucrânia.

Algo semelhante aconteceu nos Estados Unidos, por meio de um falso depoimento de uma menina que testemunhou um caso de envolvimento pessoal. Só que a menina era filha de Saud Nasir Al Sabah, o embaixador do Kuwait em Washington. O que não sabiam era que tudo havia sido preparado por uma agência de relações públicas nos Estados Unidos ligada à monarquia do Kuwait, segundo revelou uma investigação conjunta da Anistia Internacional, da Human Rights Watch e de jornalistas independentes. Objetivo: criar fatos para alertar e sensibilizar a opinião pública americana.

A construção e divulgação dessas *fake news* não dependem necessariamente da internet. Nesse caso, organizações "aparentemente responsáveis", de forma mentirosa e ignorante, utilizam os meios de comunicação, entre outros, como o boca a boca, para divulgar a seu bel prazer uma notícia falsa e até criminosa que rapidamente vai virilizar, dependendo apenas da importância da rede social ou imagem do seu autor.

Os nossos questionamentos, ou melhor, a nossa narrativa, não descartam a importância de uma atitude drástica, de um olhar atento para punir a violação, na verdade, um atentado aos direitos fundamentais da liberdade de expressão; nesse caso específico, uma inversão, um abuso, uma adulteração, da liberdade utilizada indevidamente, por meio do acesso à informação dos usuários de internet.

A mentira tem duas pernas; a curta, algumas vezes, difícil de provar. Nesse caso, não houve anonimato e cabe à justiça que tem leis e plenos poderes para punir os infratores.

Segue outro exemplo, até hoje explorado pela história que revela uma mentira amplamente utilizável desde 1774. Dentre as inúmeras acusações que renderam a morte na guilhotina de <u>Maria Antonieta</u>, a mais célebre é a frase **"Se eles não têm pão, que comam brioches!"**. No entanto, a sentença nunca foi dita pela rainha da França. As palavras são um trecho da obra *Confissões*, de Jean Jacques Rousseau.

Seu marido, o rei Luís XVI, também foi alvo de boatos. Ao assumir o trono em 1774, teve que lidar com a reputação manchada do avô, o rei Luís XV, que, por sofrer de lepra, fora acusado de matar crianças para se banhar com o sangue delas.

Notícias falsas sempre existiram em qualquer tempo, antes mesmo de qualquer tipo de mídia, inclusive na publicidade. Pode até parecer estranho associar *fakes* à publicidade, mas quantas empresas na sua comunicação dizem que o seu produto ou a sua marca é a melhor do mundo?

Atores e figuras midiáticas utilizadas em comerciais afirmam que são usuários dos produtos anunciados, isto sem falar das enormes vantagens e qualidades não confirmadas, que algumas marcas divulgam por meio das suas propagandas.

Aqui perguntamos: quais são as recompensas sociais de quem passa essas mentiras?

Respondemos: recompensas funcionais, econômicas e psicológicas; recompensas nem sempre econômicas, na verdade, uma falsa autoafirmação, de conhecimento e participação, de mostrar para a sociedade e amigos que é uma pessoa importante, que detém informação, que tem o poder de interferir na narrativa do que passou; de mostrar que é um cidadão, homem ou mulher, de bem e respeitador das leis, mesmo que estas sejam questionáveis.

Para ilustrarmos mais ainda este capítulo, citamos um vídeo que vimos na internet. É de um escritor espanhol conhecido, mas o vídeo vem sem o nome, com alguns comentários ressaltando o mundo mentiroso em que vivemos.

Na verdade, são mentiras que podem ser descritas pelos opositores ou apoiadores, como *Fake News*.

Ele começa o vídeo dizendo: "O promotor das guerras não tem a honestidade de confessar a verdadeira intenção da guerra. Países que ressaltam a importância da paz, dos direitos humanos vendem na contramão armas".

Propõem, na ONU, ratificar o tratado de comércio de armas, porém fomentam a guerra e matam para roubar a paz. Uma hipocrisia.

CAPÍTULO 18

PASSADO PRESENTE E FUTURO

Gostaríamos de ainda enfatizar neste livro a necessidade de uma revisão do passado, do presente e do futuro, dentro do seu contexto. Quando falamos em contexto, lembramos que estamos falando de *fake news*, porém a mentira ou a verdade sempre estão associadas à construção intelectual do nosso passado, ao nosso conhecimento, às nossas crenças.

O passado é naturalmente do conhecimento de todos, de cada um, sem precisarmos rever o passado para avaliar e comparar com a nossa realidade presente, principalmente, com a nossa relação com a comunicação, com a informação e com todos os meios à nossa disposição, em todos os campos da vida presente.

No entanto é importante voltar ao tempo quando não tínhamos a internet, talvez os mais velhos possam fazer isso com mais facilidade.

Vivíamos em uma era cinzenta da comunicação, uma era considerada hoje de pré-histórica, um mundo onde o conhecimento e a informação eram manipulados pelos veículos de comunicação, pelas políticas governamentais e, obviamente, pelas dificuldades existentes. Era assim o mundo, sem nos darmos conta das suas intenções, das suas "verdades".

Hoje temos ferramentas que abriram as nossas portas à comunicação, ao comércio global, à ciência, à cultura, à interação dos povos, ao conhecimento, às mídias sociais onde tudo acontece, permitindo-nos um acesso quase que imediato a todas as fontes de informação, pesquisa e serviços midiáticos.

Num mundo em que a única coisa que permanece constante é a própria mudança, estamos vivendo uma revolução cultural na base da informação e nas redes sociais, o ponto nevrálgico deste livro, graças ao avanço tecnológico.

Hoje, na chamada **"era da informação"**, podemos produzir e compartilhar conteúdo com qualquer pessoa em qualquer lugar do mundo, sem perda de tempo e espaço, compartilhando e diminuindo o fosso social que privilegiava apenas uma elite social na comunicação de massa. Porém, em qualquer dos casos, é fundamental o bom senso, menos populismo e mais respeito à pluralidade das opiniões contrárias.

Obviamente, não podemos condenar nem associar à internet, uma ferramenta que mudou o mundo. A importância da internet no mundo global permite-nos, no campo da informação, o acesso ilimitado à informação, à interação, ao conhecimento.

A sua utilização se tornou uma prática, uma necessidade global que extrapola as relações comerciais. Por meio da internet, o acesso à informação passou a ficar ao alcance de praticamente todo o mundo, em todas as atividades, na cultura, na indústria, na educação, nas relações pessoais, mudando radicalmente os comportamentos, o modo como pensamos, trabalhamos, vivemos e, principalmente, disponível mesmo para aqueles com pouca cultura de informática.

O mundo está descobrindo, por meio da internet, uma maneira rápida de entrar em contato com pessoas de outras nações e até mesmo de conhecer aspectos culturais e sociais de várias partes do mundo, trazendo a informação a qualquer hora do dia ou da noite, uma comunicação livre e sem barreiras culturais.

A informação passou a ficar disponível de uma maneira simples e intuitiva, abrindo as portas do universo para o conhecimento, para as experiências, para as mudanças, ligando as pessoas ao mundo por meio de uma corrente do bem e da cultura e espalhando informações, ideias e estilo de vida.

A internet deixou de ser uma ferramenta exclusiva para negócios, para especialistas, hoje um produto global de portas abertas para todo o mundo sem exceções.

Saindo do passado e voltando ao presente, temos que ressaltar a importância da internet (nas mídias sociais), porém isso não a isenta da responsabilidade pela divulgação de conteúdos que incentivam uma narrativa negativa e de ódio entre os seus usuários.

Temos que criar limites na interatividade e disseminação de conteúdo sem responsabilidade. A internet, como qualquer outra atividade, pode dividir ou unir pessoas, isto considerando diferenças culturais e ideologias políticas, esquecendo a importância da ferramenta na inovação no conhecimento e na informação. A internet representa uma conquista social que possibilita o crescimento e a democratização da comunicação, proporcionando, acima de tudo, liberdade de expressão, além dos novos horizontes proporcionados à humanidade.

O futuro é independente dos nossos valores, das nossas crenças, que evoluem com o conhecimento. O futuro é uma incógnita, uma conjectura, que não pode ser calculada, antecipada. Em tese, o futuro é o resultado de um passado, das experiências do presente, e pode ser, também, um indicativo, e não um limitador de boas práticas.

O que não podemos é omitir, fechar os olhos ao bom senso à realidade imutável, exógena, incontrolável, requerendo ao ser humano sempre a necessidade de se adaptar às circunstâncias, evitando comportamento dissonante e que possam afetar o seu desempenho e a sua felicidade.

Fora isso, temos que ter consciência que as mudanças são inevitáveis, muitas vezes especulativas e teorizadas, mas nada justifica desenvolver crenças equivocadas, em que a violência possa ser incentivada proporcionando resultados inadequados.

Diante dessa situação, perguntamos: as *fake news* são uma realidade do presente ou são uma prática que sempre fez parte das sociedades no passado e no presente?

A resposta é clara: sempre estiveram presentes, talvez com menor intensidade, de forma limitada com outro nome; apenas os meios de comunicação mudaram, permitindo uma maior divulgação e abrangência, no caso específico das mídias digitais.

O que não podemos esquecer são as mudanças comportamentais, a chamada liberdade de expressão, que, por motivos de ordem cultural, é utilizada nas suas práticas de maneira abusiva e irresponsável.

São mudanças condenáveis, ainda assim, aproveitadas politicamente, por grupos para cercear movimentos políticos, movimentos contrários a divulgação de fatos que afetam as liberdades da sociedade.

Não podemos simplesmente punir ou colocar tudo no mesmo balaio. Temos que ter bom senso, educar a sociedade com critérios, com justiça de fato, sem radicalismos, sem atos ditatoriais. Para isso, contamos com o apoio dos meios midiáticos de comunicação, uma informação baseada em fatos reais, imparciais; como num exercício da crítica, como uma informação comprometida com a realidade, com uma informação orientada para o não conflito, para a convergência, com respeito e apoio da sociedade; não uma comunicação distorcida, autoritária e mal-informada, por meio de um conteúdo despótico e antidemocrático, que finge proteger os cidadãos, quando, na realidade, o intuito é penalizar todo aquele que abrir a boca para discordar de narrativas políticas e ideológicas, aliás, uma prerrogativa constitucional.

Histórias, opiniões e questionamentos não são, necessariamente, *fakes*, são comentários, desabafos, ocorrências, realidades que podem até ser escolhidas dentro do contexto por várias mídias diferentes. Imputar e incentivar críticas à internet sem identificar as origens e intenções de conteúdos extremistas é fechar os olhos à realidade.

Nesse sentido, o mais importante era criar programas educacionais (insistimos) sobre o uso consciente da internet como uma alfabetização digital, aliás, muito importante para a evolução da educação, principalmente para controle parental. Questionando ou não, é um direito, uma garantia constitucional, em que todos têm a liberdade de manifestar uma opinião, um desabafo, uma crítica, desde que essas críticas sejam construtivas, apartidárias e sem ideologias.

O passado foi algo que já aconteceu, o presente é hoje, o agora, o que estamos vivendo no momento. O futuro é independente dos nossos valores, das nossas crenças, que evoluem com o conhecimento; é uma incógnita, uma conjectura, que não pode ser calculada, antecipada. Ele é, pela sua própria natureza, evolutiva. Em tese, o futuro é o resultado de um passado, das experiências do presente, e pode ser, também, um indicativo, e não um limitador de boas práticas.

O que não podemos é omitir, fechar os olhos ao bom senso e à realidade imutável, exógena, incontrolável, requerendo ao ser humano sempre a necessidade de se adaptar às circunstâncias, evitando comportamento dissonante e que possa afetar ao seu desempenho e a sua felicidade.

Fora isso, temos que ter consciência que as mudanças são inevitáveis, muitas vezes, especulativas e teorizadas, mas nada justifica desenvolver crenças equivocadas, em que a violência possa ser incentivada, proporcionando resultados inadequados.

A economia, a geopolítica, as mudanças comportamentais, as epidemias, o desenvolvimento tecnológico, as mudanças globais, a eliminação dos conflitos: essas são as variáveis que devemos perseguir, mostrando que o futuro não é uma continuidade do presente ou do passado, quando esse passado está cheio de controvérsias; novas estradas com novos caminhos a serem percorridos, onde estaremos defrontando com novas situações e novos desafios.

CAPÍTULO 19

QUAIS OS REAIS OBJETIVOS DAS *FAKE NEWS*?

As *Fakes*, corretas ou não, são, na sua grande maioria, produzidas e divulgadas com um único objetivo: desacreditar a base institucional das comunicações, sociais e políticas, questionar políticos e falsos profetas, mostrar conhecimento e até diversão.

Outro ponto importante é a administração da informação na sua divulgação, o que nos torna, como receptadores, voluntária ou involuntariamente, coniventes com as informações que recebemos e divulgamos; realidade que nos torna igualmente responsáveis e coniventes com o pseudocrise. Como num jogo, as informações falsas apelam para o emocional da sociedade, criando uma relação quase que intimista com interpretação e devolução do conteúdo, sem confirmar se ele é ou não verdadeiro.

Psicologicamente, isso gera uma vontade de compartilhar de imediato, como se a notícia fosse um grande segredo que só nós possuímos; uma informação que temos que compartilhar; talvez, uma garantia de notoriedade, de credibilidade, uma forma questionável de se tornar importante junto a quem compartilha.

Contudo, quando pensamos ou falamos em *Fake News*, não podemos esquecer que, no bom ou no mau uso da sua utilização, as *Fakes* são utilizadas na sua grande maioria por redes sociais e apoiadas por ferramentas midiáticas de comunicação utilizadas na internet, WhatsApp, Instagram, e Face book e outros meios, até pelo governo.

É claro que o uso dessas ferramentas em tese não implica ou compromete os seus autores, salvo quando elas interferem com o governo, com associações políticas e seus dirigentes, que esquecem que a comunicação e a sua utilização respeitosa é de live arbítrio.

Questionar pessoas e dirigentes políticos eleitos ou impostos pelo governo faz parte dos direitos democráticos da sociedade, sem esquecer que somos nós, os eleitores, que pagamos todos os impostos que o governo usa para governar. Assim, cada um de nós tem o direito da satisfação, do respeito, de criticar as atitudes e a eficiência do governo, aliás, uma prerrogativa esquecida.

O Estado não é um patrimônio dos políticos; é um patrimônio do povo. E esse patrimônio precisa ser respeitado. O livre arbítrio sem cerceamento é um desejo, porém não é essa a realidade. O que hoje já está acontecendo é o desrespeito às instituições salvaguardadas na constituição, à falta da liberdade, ao livre pensamento.

Não cabe à mídia, ao judiciário, impor julgamentos ou censuras. Para isso, temos as leis, ainda que distantes da justiça real sem interferências inconstitucionais. Para crime tecnológico, "*phishing* digital" – quando as mensagens são criadas para se parecer com mensagens de uma fonte confiável –, qualquer crime praticado mesmo por meio da internet, hoje, já há leis na sua base conceitual que podem aferir, punir e fazer valer as responsabilidades.

Exemplo é o <u>Marco Civil da Internet</u>, de 2014 (<u>Lei n.º 12.965/2014</u>), que estipula e regula direitos e deveres dos internautas, com a intenção de proteger informações pessoais e dados privados dos usuários, sem necessidade de criar comitês punitivos.

Recentemente, a imprensa divulgou que o Parlamento inglês criará uma unidade de comunicação para combater a desinformação ou as *Fake News* e se dedicará a lutar contra as informações enganosas promovidas por agentes estatais e outros. A Lei de Segurança On-line, proposta do Reino Unido para regulamentar as redes sociais e plataformas digitais, foi aprovada em 26 de outubro de 2023, sob os auspícios do parlamento britânico de transformar o país no "lugar mais seguro do mundo para estar on-line".

Os problemas específicos que a lei visa a abordar incluem o acesso de menores de idade à pornografia on-line, "*trolls* anônimos", anúncios golpistas, compartilhamento não consensual de imagens íntimas, disseminação de material de exploração sexual infantil e conteúdo associado ao terrorismo.

O Ministério das Comunicações do Reino Unido (Ofcom, na sigla em inglês) terá a autoridade para fiscalizar as empresas e exigir que elas atuem no combate aos crimes mencionados.

Há, porém, controvérsias: as empresas de tecnologia opuseram-se à lei, alegando que ela poderia, em teoria, proibir a criptografia de ponta a ponta. Um representante do governo afirmou que o ministério não poderia impor a verificação dos serviços sem a existência de "tecnologia apropriada".

Como projeto de lei, o texto foi modificado para conceder à Ofcom o poder, como último recurso, de obrigar as empresas a desenvolverem tecnologias que permitam que as autoridades britânicas verifiquem mensagens criptografadas.

Como punições, o não cumprimento das regras pode conduzir a multas de até £18 milhões (cerca de R$110 milhões), ou 10% de seu faturamento anual global (o que for maior). A legislação inclui até potencial prisão de executivos.

A lei também inclui medidas de combate à fraude on-line e à violência contra mulheres e meninas. O compartilhamento não consensual de imagens íntimas e *deepfakes*, imagens artificialmente criadas de pessoas nuas, pode ter uma pena máxima de seis meses de prisão.

Voltando à comparação teórica com um jogo, acredito que um dos principais objetivos de quem joga ou quem produz *fakes* está em acreditar num poder que não existe; um poder de se achar uma personagem, um salvador ou justiceiro, e que a sua mensagem vai exercer uma influência no jogo do poder. Com o perdão da palavra, uma perfeita idiotice, acreditando que isso representa uma vitória num jogo que só ele joga.

Este raciocínio leva em consideração que o autor, mesmo sabendo do fato de estar infringindo a lei, aposta como num desafio no resultado por ele imaginado, pior, quando ele pensa que está acima de qualquer crítica e que as suas considerações em algum momento vão ser reconhecidas.

Temos que entender que parte desse princípio retrógado é consequência de uma liberdade de comunicação que a internet produz. Para sermos mais claros, não podemos criminalizar a internet, pois toda e qualquer atividade, até mesmo um produto, tem sempre um lado positivo e outro negativo, tudo depende da forma e dos critérios morais e de conhecimento de quem usa.

Voltando à internet, uma conquista social, um avanço histórico para a humanidade, ela hoje está inserida no conceito que acabamos de citar, é utilizada em grande parte como suporte de comunicação das redes sociais e logicamente convivemos com a verdade e com a mentira, lembrando que, para alguns, a internet é o tribunal da opinião pública (redes sociais), e o seu público virou juiz, palpitando em todas as áreas da sociedade. É um público que não tem conhecimento nem educação midiática, porém tem liberdade, ainda que mal utilizada.

Aí perguntamos: é o cidadão comum que faz e propaga essas notícias falsas? Para responder pessoalmente essa questão, acreditamos que, de alguma forma, está, sim, envolvido, por ignorância; acreditamos ser sem má fé, mas isso, contudo, não o livra da responsabilidade, nem evita as consequências negativas.

Porém, como uma opinião tem sempre dois lados, duas versões, temos que reconhecer e avaliar o seu conteúdo, se possível, até dialogar com quem o produziu, considerando que grande parte desse conteúdo é inócuo, não justificando, portanto, uma violação de conduta ou crime.

Esse é um ponto que defendemos por meio da educação e informação; uma educação abrangente a todos os níveis da sociedade. Na maioria das vezes, é o próprio governo na palavra dos seus representantes que cria artifícios jurídicos para justificar a mentira.

Tempos atrás, vi o presidente eleito do Brasil dizer, sem se envergonhar, que usou muita mentira nos seus discursos no exterior. É uma realidade que continua ainda hoje, como se vê nas suas explanações, quando cita números fantasiosos para justificar os seus discursos populistas. E aí, quem vai punir o presidente nas suas mentiras institucionais? E como justificar nos seus discursos as acusações infundadas aos outros órgãos? Será que aí as *fakes* mudam de nome?

Fakes também podem ser fruto de uma brincadeira sem sentido, provavelmente é alguém que se acha, ou acredita que alimentar e participar desse tipo de conduta não prejudica e até alimenta seu ego – tomemos como exemplo a história da dona Isabel.

Sabemos que alegações como **"apenas li e repassei"** não constituem crime ou prova de participação. O risco é tornar públicas informações que todos sabemos serem criadas por encomenda.

Inúmeras pessoas divulgam informações falsas sem ter consciência de que o está fazendo, mas a grande maioria age com dúbias intenções e não tem coragem de admitir os seus erros ou as verdades que acredita. Tanto num caso quanto no outro, os resultados podem ser desastrosos. Essa maioria acredita nas informações mais próximas à sua maneira de pensar, considerando que elas vieram de um "amigo confiável".

Mas tudo tem um limite; **"o quanto pior, melhor".** A virulência do conteúdo deixa dúvidas quanto à intenção benigna, e o resultado é a propagação de *Fakes* alimentadas por ódio raivoso e destrutivo.

Talvez devêssemos olhar com mais atenção a pessoa e o interesse de quem estimula esse ódio, ou quando o ódio tem uma razão de ser, ou quando as leis são manipuladas a bel prazer, principalmente quando elas ferem os direitos básicos da cidadania.

Nesse caso, o que resta ao cidadão se não externar a sua raiva diante da impunidade, diante da injustiça do poder feudal e absoluto? As *Fake News*!

CAPÍTULO 20

O HUMOR E AS *FAKE NEWS*

Humor também faz parte da sua personalidade, aliás, um humor inócuo e provocativo, como exemplificamos numa *Fake News* postada por uma garota inglesa.

"Nos arredores de Londres um Chimpanzé foi apreendido por dirigir em alta velocidade. Na delegacia constatou-se que o Chimpanzé estava bêbado e tinha excedido a sua cota de álcool, e pior, estava nu. Como era 'obvio foi condenado por vários crimes, inclusive ofensa à moral pública'".

"<u>Outro caso, o da Grávida de Taubaté</u> que se tornou um marco para o humor brasileiro. Ela foi a primeira referência do meme, que para muitos a sua história convenceu o Brasil. A falsa grávida chegou a ser recebida por programas de entrevista nos quais ela falava sobre seu estado e, com isso, conseguiu muitas doações. Mas, como a mentira tem perna curta, tudo acabou. 'Era tudo mentira e ela usava uma bola na barriga para fingir a gravidez'".

Em 2010, o Brasil inteiro acompanhou um suposto caso de um alienígena presente no município de Corguinho (MS). Tudo começou quando Urandir Fernandes de Oliveira abriu uma comunidade para provar a existência de extraterrestres.

O caso ganhou uma grande fama. Na ocasião, um repórter diz que chegou a se comunicar com o ET Bilu, que passa uma mensagem para a humanidade: **"busquem conhecimento".**

MEIO & MENSAGEM

"Marcos Bedendo, especialista de branding da ESPM, explica que a técnica de fazer publicidade com a utilização das *fake news* é muito comum.

É usual que a publicidade se aproprie dos assuntos quentes de um dado momento para transformá-los em apelo de venda. Para ele, o uso do tema ou da estética das notícias falsas em anúncios não banaliza o assunto e mostra a importância que a questão vem tomando no dia a dia do público.

"De modo geral, as *fake news* são uma 'falsa polêmica', pois geram discussão, mas, não há ninguém a favor delas em teoria". – "Sua popularidade é uma demonstração do quanto essa questão está presente no imaginário brasileiro, declara o Professor".

O **Brazilian Version** criou uma série divertida de **"Você Sabia?"** e levou os internautas aos risos ao desmistificar *Fakes* bem-humoradas e sem sentido nenhum – mesmo! Hoje em dia, as *Fake News* estão por aí, mas a BRV sempre trabalha com a verdade! Diante dessas postagens, só podemos achar divertido. Aqui não temos crime, temos criatividade e senso de humor.

Em outro exemplo, este no trote americano, as consequências foram diferentes: houve geração de pânico, acidentes e milhares de dólares de prejuízo. Quem não se lembra da notícia falsa do Orson Wells, no dia 30 de outubro de 1938? A rádio americana CBS noticiou que a América estava sendo invadida por marcianos.

O locutor, o ator Orson Wells, com toda a sua extraordinária dramaticidade, anunciava que, em Chicago e Saint Louis, as pessoas pediam socorro desesperadamente. A notícia se disseminou exponencialmente, atingindo quase 2 milhões de ouvintes da rádio. Mais tarde, os ouvintes da rádio tomaram conhecimento que o trote fazia parte do lançamento de uma nova novela radiofônica, "A Guerra dos Mundos", trailer encenado por Orson Welles no seu estúdio. Uma brincadeira que quase levou ao caos, conduzindo milhares de pessoas a fugir de suas casas, congestionando rodovias e hospitais solicitando máscaras antigas.

Brincar não justifica falta de responsabilidade, prejuízo. Na verdade, é um crime, e, diante dessa realidade, a sociedade conta com a justiça. O que não se pode é cercear a comunicação, censurar, tolher as liberdades das redes sociais, por conta de condutas individuais. Aliás, seria um erro; tudo na vida tem o seu lado benéfico, a boa informação, e o lado obscuro, a má informação.

Não vivemos no Éden, e o mundo não é um paraíso. Se essa fosse a realidade, não havia crimes, egoísmo, aliás, todos os males que diariamente nos afetam. Como seria avaliado o bem se não existisse o mal, o doce sem o amargo?

Obviamente, não podemos pactuar com o crime, com a impunidade. Para isso, temos leis, temos limites, mas isso não justifica criminalizar as *Fake News*, nem impor leis restritivas que não correspondem à exata expressão da realidade. Perseguição é censura, é tolhimento à liberdade de expressão.

O importante é entender que tudo pode virar uma arma, inclusive a comunicação, uma arma que serve para nos defendermos e para arruinar. Tudo depende da forma, do sentido e de quem a usa e de quem comunica. Assim, tudo o que podemos fazer é criar limites, regras responsáveis e até vacinas, sem radicalismo ditatorial.

Não se espantem com a nossa sugestão de vacina, é uma analogia. Na realidade, o que queremos é combater, controlar a atividade como se fosse um vírus, uma doença, e, desta forma, podermos conviver com ela sem nos contaminar.

Parece simples, mas não é. Controlar sempre envolve leis, medidas drásticas, punições, constrangimentos e até benefícios, principalmente quando essas leis nem sempre se cumprem. Notadamente, quem as promove e quem as julga acredita que está acima das leis. Pior ainda, quem cria leis e as administra sujeita-se aos caprichos midiáticos da opinião pública, aos arroubos e às miopias jurídicas, à vaidade e à imagem pessoal.

O radicalismo à esquerda e à direita viraram sinônimo de uma divisão radical, que começa a tomar conta da sociedade; uma divisão que os radicais (direita e esquerda) utilizam para justificar a polarização na utilização das *fakes* nas redes digitais. Para uns, é uma forma de combate à mentira, à intolerância, ao radicalismo; para outros, a desconstrução e o apoio a uma política de confronto, utilizando sistematicamente a mentira como uma verdade na desestabilização social, em que **as mentiras repetidas podem virar verdade.**

Uma pesquisa pública aponta que a informação real é chata, não rende notícias. Diante dessa realidade, uma mentira é 70% mais lida e atuante que uma notícia verdadeira, como já registramos.

Daí as manchetes em negrito nos meios de comunicação, vociferando e vomitando mentiras, interpretações questionáveis apoiadas na imagem corporativa e histórica do veículo ou organização a que pertencem.

Apropriando um termo muito utilizado no marketing e nas pandemias, "VIRALIZANDO": é assim que se espalham com intensidade as notícias, escritas, visualizadas, ou de boca a boca.

É aqui que nós voltamos novamente com a vacina, a mesma analogia que relaciona o combate aos vírus reais e às mentiras que se espalham com intensidade por meio da utilização da IA, dos robôs, (por enquanto, ainda administráveis). Assim, a nossa sugestão é uma aliança com as máquinas (IA), não isentando a responsabilidade do homem no seu combate ou na sua divulgação.

A máquina (robô), na sua programação algorítmica, não pode ser a responsável, a grande vilã, por administrar, conceder ou cercear a divulgação das nocivas *fake news*. A máquina robótica não funciona sozinha, está programada por gente, ainda que alguns pensem que, em algum momento, elas comecem a pensar sozinhas.

Não queremos máquinas para punir a mentira, queremos uma ferramenta que beneficie a liberdade de expressão, a criatividade, que ajude os meios de comunicação na inovação tecnológica, sem censura, sem ideologias, sem ódios ou palmas, uma máquina sem máscara, sem cara.

O que precisamos hoje é de uma sociedade consciente que não dê espaços à militância ideológica, uma comunicação que mostre a realidade, a vida, o correto, as notícias com as cores sem o viés político, sem contradições, por meio de um jornalismo de emoção, neutro e transformador. Obviamente, não temos o poder de impor essa ideia. Apenas como cidadãos, temos o direito de criticar, de expor as nossas ideias e os nossos pensamentos.

Não custa fazer um exercício criativo. Podemos debater, sim, as *fake news* (aliás, uma sensação de perda de tempo), discutir, sim, a sua viabilidade, questionar a sua aplicação, até achar as *fakes* um absurdo, mas sempre com uma diretriz, com um pensamento correto, não violar nem esquecer a importância da liberdade de expressão, livre, sem mordaças, sem abstrações e sem violência política.

É importante deixar claro que não somos contra a divulgação de notícias com a desculpa da má utilização das *fake news*, principalmente com o cerceamento da comunicação por meio da liberdade de expressão.

Apenas arranhando a superfície da psicologia e da sociologia, já é perceptível o quão enraizada a prática de inventar e espalhar boatos está na sociedade – afirma Sophia Gama, numa reportagem feita para a CMC (Câmara Municipal de Curitiba). "Vale lembrar que a espécie humana é acima de tudo social e como tal o indivíduo deseja estar inserido em um tecido social de informações" – acentua o psicólogo Akim Neto – e acrescenta o quanto está enraizada na sociedade brasileira a prática da fofoca.

Que as *fake news* vieram para ficar, todo mundo já sabe, mas por que elas ainda conseguem enganar tantas pessoas? Porque as *Fake News* mechem tanto com as nossas emoções?

Segundo o psicólogo e professor universitário William Mac-Cormick Maron, as *fake news* são produzidas para evocar uma paixão naquele que lê, ou seja, provocar sensações irracionais.

> Essas *fake news* movimentam paixões, questões nossas que já estavam lá aprofundadas, e ganham potencias com as nossas crenças, afirmando que o cérebro tende a absorver com mais facilidade ideias que confirmem suas opiniões, enquanto repele aquelas que são mais desafiadoras.

Maron ainda ressalta que, tecnicamente falando, quando tratamos de uma paixão de um indivíduo, não é no sentido romântico da palavra, mas, sim, no sentido de sentimentos e convicções. Nesse sentido, as *Fake News* apenas legitimam questões pessoais, registrando que sejam verdades por reafirmarem o que elas creem.

Há que se ressaltar que a "modernidade" estimula um cenário de incertezas constantes nas quais vivemos. "O desmantelamento das estruturas antigas nas quais a sociedade estava alicerçada trouxeram muita incerteza e insegurança à pessoa comum" – conclui o professor Neto.

Para o professor do Departamento de Informática da PUC-Rio, Daniel Schwabe, o público não conhece os meios pelos quais pode ser manipulado na internet. Em relação às mídias tradicionais, para as pessoas, é necessário criar uma cultura de questionamento.

A educação virtual é uma arma importante para detectar informações falsas no noticiário, segundo especialistas. Essa "alfabetização" deve contar com esforços de vários setores da sociedade, para evitar que as chamadas *Fake News* tumultuem o debate público, como ocorreu na corrida eleitoral americana e na votação pela saída do Reino Unido da União Europeia.

(Textos extraídos de uma reportagem de Marina Dayrell, Matheus Riga e Pedro Ramos).

CAPÍTULO 21

O PROCESSO KAFKANIANO

"**U**m dado grave que foi constatado pelos pesquisadores do Massachusetts Institute of Tecnology (MIT), nos Estados Unidos, que a chance de uma notícia falsa ser repassada é consideravelmente maior que a de uma verdadeira". Foram analisadas 126 mil notícias, e percebeu-se que a probabilidade de republicar uma informação falsa é 70% maior do que a de republicar uma notícia verdadeira".

Porém, nem todas as notícias ou todos os boatos têm origem ou são fruto de desvios sociais, ódio ou políticas partidárias. O mundo, na sua globalização, convive, empresta e alimenta uma realidade questionável nas sociedades, uma realidade nem sempre positiva. É tão bom quanto ruim, lado a lado, cabendo a cada lado uma imitação adaptada à sua realidade ou aos seus interesses pessoais.

Exemplo: "**O Departamento de Justiça Americano**" confirmou e denunciou a existência de agências russas, que são responsáveis por espalhar informações falsas na internet, informações que influenciaram as eleições norte-americanas de 2016. Essa denúncia confirma a motivação, não só política como econômica, de ações executadas por grupos de profissionais que trabalham espalhando boatos.

Muitas dessas notícias *fakes* são até justificadas pelos autores como informação que foi adquirida por meios ilícitos. Exemplo: gravações telefônicas, filmagens e delações, para justificar a notícia; o crime é uma realidade muito utilizada no cenário brasileiro.

É um processo kafkaniano. Em alguns casos, o processo é aceito e justificado até pela justiça, que não criminaliza, e até defende, os direitos constitucionais do livre direito à informação, mesmo que essa informação tenha sido obtida de forma ilegal, ou seja: os meios, mais uma vez, justificam os fins. **Uma contradição comum na justiça brasileira: dois pesos e duas medidas.**

Em outros casos, uma informação similar é penalizada. Tudo vai depender da origem da informação. Não é fácil encontrar as empresas que atuam nesse segmento, pois elas agem na chamada "*deep web*", isto é, uma parte da rede que não é indexada pelos mecanismos de buscas, ficando oculta ao grande público.

Os meios perderam a noção da realidade. Sem autocrítica, informalidade e sem um diálogo construtivo, o consumo da informação banalizou, e esses são os fatos, os resultados da mudança contextual da sociedade.

Porém, nada disso justifica a condenação do uso da internet, como suporte às *fakes*, considerando que ela, sim (a internet), é apenas um suporte, uma ferramenta digital das suas redes de informação, aliás, uma ferramenta alternativa da livre expressão; a mesma informação que é divulgada nas mídias oficiais. Porém, nesse caso, é interessante fazer uso do guarda-chuva corporativo, assim, utilizando o respaldo da imagem pública e da acusação sublinhada como notícia forjada. A internet, mais uma vez, é acusada de ser utilizada e como suporte às *fakes*.

Não devemos nem podemos radicalizar a utilidade da internet como, da mesma forma, a importância das mídias oficiais; ambas se utilizam da internet como uma ferramenta de comunicação e entretenimento, na maioria das vezes, uma troca colaborativa.

Também não estamos fazendo caça às bruxas, ou resgatando o obscurantismo fanático. O que queremos é fomentar o diálogo sem divisões ideológicas, principalmente, resgatar a capacidade de informar.

A situação é complexa e exige a pesquisa de soluções criativas voltadas para diminuir a desconstrução da informação. Nesse caso específico, temos que ressaltar a dinâmica, a facilidade da internet nas suas múltiplas formas de acesso e capacitação, proporcionando uma forma de comunicação mais interativa e dinâmica em todas as atividades corporativas e pessoais, agilizando processos, negócios e comunicação.

O cenário exige uma mobilização da sociedade, envolvendo empresas, universidades, agencias de comunicação e meios midiáticos na participação, inclusive o engajamento de personagens públicas notórias, figuras sociais, atores, personalidades que tenham respaldo da sociedade.

Todos, sem exceção, têm a obrigação de colaborar, de buscar soluções comunicacionais em suas diferentes áreas do conhecimento, a mesma liberdade que usufruem para criticar.

O que se condena não é necessariamente a comunicação de alguém, que está no seu direito; o que questionamos e condenamos é a utilização da imagem pública que não pode nem deve ser usada para manipular ou dar vazão a ideologias políticas e preconceituosas, valendo-se do seu acesso à informação e da sua notória imagem.

A estratégia deve ser focada na educação dos cidadãos, por meio de uma comunicação interativa, na realidade, uma comunicação focada em depoimentos pessoais (**não de interesse ideológico de quem produz a notícia),** experiências de vida, associados à realidade contemporânea, interagindo e demonstrando a realidade e os riscos do compartilhamento e uso de informações falsas.

Essas ações têm a finalidade de influenciar e motivar a percepção dos usuários das redes e estimular a criação de conteúdo cultural; experiências de vida, depoimentos e narrativas que devem ser divulgadas de forma simples por meio de conteúdos e imagens, de uma comunicação ampla e de preferência bem-humorada que valorize o reconhecimento e a autoestima.

Outra opção, esta tecnológica, seria mais uma vez a utilização e reprodução de conteúdo por meio de IA, a mesma tecnologia sugerida na nossa comparação das notícias falsas com um vírus.

Não seria interessante o uso de robôs, a mesma tecnologia hoje utilizada para a propagação massiva de *Fakes*, para combater e cercear as notícias falsas, a mesma tecnologia, mas, em sentido inverso?

A adoção dessa tecnologia, IA para o bem, é o primeiro passo para a busca de soluções estratégicas, soluções que fomentem o diálogo, a transparência e a ocorrência de medidas práticas, em que o espaço digital se mescla com a realidade física, interagindo e tornando-se indissociáveis.

Porém, não é isso que estamos vendo; a IA está começando a ser usada de forma indiscriminada por textos e imagens na divulgação de fatos irreais, algumas vezes subtraindo a verdade.

Talvez isso fosse o menor dos males, quando, na maioria das vezes, ela é utilizada, inclusive, como instrumento inescrupuloso na pornografia e difamação de figuras públicas sem o menor escrúpulo

CAPÍTULO 22

O EFEITO RADIAL DAS *FAKE NEWS* E O PAPEL DA IMPRENSA

Este é um ponto que talvez a sociedade não se dê conta. E aí começamos a conviver com *Fakes* de imagens e textos (*deepfakes*), muitas vezes, sublinhados como criatividade, que não é reconhecida por alguns autores e profissionais que veem o seu trabalho desvirtuado de forma ilegal e até criminosa, na associação das suas informações a *fakes* e histórias com a desculpa da criatividade.

É normal cada um fazer uma interpretação individual e, ao recontar a história, passar a ter outra narrativa, muitas vezes, com outro sentido. Existe até um ditado popular que diz: **"Quem conta um conto acrescenta um ponto".**

É quase a mesma coisa quando se passa informação para um grupo de umas 10 pessoas e, na última, quando se pede para transmitir o seu conteúdo, ele é naturalmente mudado. É simples e sem intenção: o ser humano, de forma não intencional, tem a tendência de fazer interpretações, acrescentar ou mudar.

Quem sabe se as histórias não seriam uma forma lúdica, uma solução alternativa para desmistificar as *fakes*? Traduzindo, uma realidade lúdica justificada e comprovada, muitas vezes, utilizada em treinamentos, diferentemente de quando as histórias são mal utilizadas e servem para ressaltar fatos morais, históricos e até políticos, que algumas vezes, contestados, desmentidos. A história está cheia desses exemplos.

Vejamos dois exemplos brasileiros: o ato de liberdade do Dom Pedro I, quando proclamou a Independência e a morte de Tiradentes.

A pintura de Américo Martins retrata uma imagem ufanista, porém irreal; alguns historiadores apoiados em fatos contam outra realidade. Acreditem, 500 anos após o descobrimento do Brasil, um grupo de historiadores brasileiros e portugueses está tentando desconstruir a história e dar a sua autoria a outro português, no caso, o navegador Bartolomeu Dias, que, quando navegava para a costa africana, fez o movimento para oeste de Cabo Verde, para conseguir contornar a África, acabando por descobrir o Brasil.

Outros criaram a versão de que os Vikings foram os primeiros a descobrir a América, que, nos seus deslocamentos, vieram ao Brasil – um segredo justificado pela interpretação do Tratado das Tordesilhas. Qual é a intenção? Brincar com a verdade, criar polêmica ou desacreditar a história?

Outro exemplo questionado no ano de 2023 por outro historiador foi sobre a morte de Tiradentes. Ele afirma que não foi Tiradentes quem foi enforcado e esquartejado, mas uma pessoa que aceitou assumir a personagem em troca de dinheiro, posteriormente recebido pela família.

Não me cabe desmentir ou acreditar, estou apenas dando exemplos de como as histórias podem ser utilizadas para ressaltar e homenagear e até perseguir personagens que interessem à história da nação. Esse exemplo não é uma prerrogativa do Brasil. Quantos outros países se utilizam desses mesmos princípios e artifícios para manipular a história?

Hoje, isso é chamado de *Fakes*, utilizadas impunemente por nações, pelas academias, pela história.

Esses exemplos aqui transcritos não têm a finalidade de defender as *fakes*, pelo contrário, é apenas uma forma de exemplificar a sua utilização ao longo da história sem contestação, sem movimentos coercitivos, sem questionamentos, o que é uma realidade absoluta.

Alguns podem achar normal, e outros podem condenar, criminalizar o movimento. Partindo desse princípio, acreditamos que o que é importante é o bom senso, a educação, não a proibição, o cerceamento das liberdades individuais; ou é o contrário? É a censura, o retorno aos anos obscuros da nossa história ou criar espaço midiático?

Alguns exemplos de comentários de veículos da imprensa sobre as *fake news*, **dignos de registros:**

Correio Braziliense

A produção e veiculação de Fake News constituem um verdadeiro mercado, segundo o **especial do jornal Correio Braziliense** *(esse universo é alimentado por pessoas de grande influência, geralmente políticos em campanha eleitoral, que contratam equipes especializadas nesse tipo de conteúdo viral. Essas equipes podem ser compostas por ex-jornalistas, publicitários, profissionais de marketing, profissionais da área de tecnologia e até policiais, que garantem a segurança da sede e dos equipamentos utilizados.*

Alguns produtores de fake news compram ilegalmente os endereços de e-mail e números de telefone celular de milhões de pessoas para "disparar" o conteúdo falso.

Folha de São Paulo

Segundo levantamento feito por veículos de comunicação, como a Folha de São Paulo, *as páginas de Fake News têm maior participação dos usuários de redes sociais do que as de conteúdo jornalístico real.*

De 2017 a 2018, os veículos de comunicação tradicionais apresentaram queda de 17% em seu engajamento (interação), enquanto os propagadores de fake news tiveram um aumento de 61%.

UOL NOTÍCIAS

Em 2014, o Brasil presenciou o caso de uma fake news que teve um fim trágico. Em notícia do UOL Notícias, foi divulgado que moradores de Guarujá/SP lincharam uma mulher até a morte por causa de um boato divulgado no Facebook. *Ela foi acusada de sequestrar crianças para fazer rituais de magia negra. Posteriormente, foi confirmado pela UOL que a informação era falsa.*

O uso das redes sociais para compartilhar notícias também perpetua a violência por causa das Fake News em outros países. A Índia é um cenário preocupante na divulgação de vídeos falsos pelo WhatsApp. Em 2018, cenas fictícias foram editadas e veiculadas como suposto sequestro de crianças em Rainpada, uma vila local na Índia. Desesperados, os moradores começaram a perseguir os supostos sequestradores, resultando na morte de cinco pessoas.

Depois de ser atacado por um fanático em setembro, começaram a circular correntes de mensagens no Face book e WhatsApp, garantindo que Adélio Bispo de Oliveira, agressor do Bolsonaro, era filiado ao PT. O dado foi reproduzido por vários sites informativos, que contribuíram para espalhar o boato. Segundo os fatos, nenhuma pessoa com esse nome aparece no registro oficial de filiados ao PT. Informação do Tribunal Superior Eleitoral que não justifica a motivação de quem praticou o crime.

O site Comprova está publicando relatos de algumas de suas investigações para mostrar como e por que investigou conteúdos duvidosos encontrados na internet sobre políticas públicas do governo federal.

2019-12-10
O "navio venezuelano" era português | Como verificamos

Após manchas de óleo começarem a atingir praias do Nordeste brasileiro, o ministro do Meio Ambiente, Ricardo Salles, levantou a hipótese de que a origem do material seria venezuelana. A declaração foi feita em outubro, e, em seguida, viralizou um vídeo em que aparece um navio fazendo um serviço de dragagem na Praia de Matosinhos, em Portugal.

De forma enganosa, a gravação, que na verdade é de abril, foi compartilhada como se fosse de um navio da Venezuela despejando petróleo no litoral nordestino.

Um vídeo de uma mulher atirando com um fuzil usado para a prática esportiva está sendo compartilhado como se mostrasse a ativista Sueca Greta Thunberg. Apesar das semelhanças, a gravação mostra uma mulher chamada Emmy, que também é da Suécia, comprova ser a pessoa que aparece no vídeo

Uma das principais vantagens competitivas que uma organização utiliza ou adquire *fakes* é para fins comerciais, inclusive, para partidos políticos, aproveitando-se da difusão de mensagens com foco em figuras notórias ou grupos específicos.

Esse é o caso da empresa **Cambridge Analytics,** que esteve por trás de campanhas como a do Brexit, no Reino Unido, e do atual presidente dos Estados Unidos Donald Trump.

Trata-se de uma organização privada, de origem inglesa, que esteve sob os holofotes nos últimos meses às custas de um escândalo envolvendo a corporação *Face book* e dados pessoais de milhões de usuários.

CAPÍTULO 23

UM MUNDO NOVO. O POPULISMO

A desigualdade é, na verdade, um movimento social, apoiado por divisões partidárias e políticas, principalmente nos conflitos das relações internas da sociedade, envolvidas numa guerra ideológica que se manifesta por meio de um canal livre das redes sociais; movimentos sociais, movimentos globais, apoiados e justificados na desigualdade social como bandeira política.

Vejamos os movimentos do grupo sem-terra, entre outros, organizados e apoiados sistematicamente pelo governo eleito para perseguir abusivamente e cercear as garantias do estado democrático de direito à propriedade privada.

Até que ponto esses movimentos manipulados interferem na sociedade, inclusive numa nova ordem social? Muito, considerando que essa polarização, esses movimentos sociais, mesmo na sua diversidade e liberdade de expressão, estão apoiados pelos meios midiáticos políticos e governo.

Resultado: um movimento justiceiro de falsas verdades, um movimento representativo do **"politicamente correto"**, um movimento de confronto, submetendo as lideranças, os poderes, o capital, a um temor midiático, interferindo negativamente nas suas decisões e atitudes, mobilizando a sociedade em todas as suas vertentes.

Aqui temos a ignorância de uma parte da sociedade apoiando o questionável **"politicamente correto"**, um politicamente correto que julga que ajuda a condenar sem condenação, interferindo nos julgamentos e decisões.

Antes do advento da internet, as pessoas reclamavam de falta de informação. Hoje o cenário mudou, a informação está disponível, banalizada, todo mundo tem acesso a qualquer tipo de informação, com a vantagem de ser um canal aberto interativo, sendo muito fácil propagar qualquer conteúdo, seja ele crível ou não, bastando para isso a covardia do anonimato.

Dessa forma, o problema passou a ser a falta de garantia acerca da veracidade das coisas que se lê e compartilha. A divulgação de notícias falsas pode ter danos graves, além de uma ameaça à sociedade e aos valores democráticos.

Quando citamos a ameaça à sociedade, estamos nos referindo à manipulação de pessoas, aumentando os preconceitos, os sentimentos negativos, a difusão do ódio.

Notícias falsas sempre existiram, porém, o objetivo não muda: irresponsabilidade, ignorância e meios de comunicação igualmente enganosos que se utilizam de notícias para levar vantagem. Ainda que muitas das *Fakes* pareçam um grande divertimento, não fogem ao objetivo de denegrir e polarizar. Por mais idiotas e irreverentes que elas pareçam, podemos imaginar o resultado.

Senão vejamos, empresários, figuras notórias, jornalistas e gente ligada ao esporte sendo condenados injustamente pela sociedade, demitidos e expurgados para satisfação dos inquisidores das redes sociais sem defesa, com a cumplicidade de uma justiça autoritária que não divulga, nem para advogados, os processos com a desculpa de sigilo; pessoas e marcas convivendo com notícias idiotas sem reagir, apoiando a mentira, o governo, apenas com o medo de sofrerem represálias, ou caírem na onda de acusações irresponsáveis propagadas pelas redes sociais.

Ainda que diferentes na forma de atuação, informações falsas ou equivocadas e mentiras têm ganhado espaço e influenciado opiniões, crenças e, principalmente, atitudes apoiadas na imagem da instituição e de alguns personagens que se utilizam da sua pseudopopularidade para defender o indefensável.

Estamos convivendo com uma nova forma de manipulação e mobilização por meio da veiculação de notícias e narrativas falsas, em que cada um a seu modo, mesmo manchando a sua integridade, defende com base na sua nefasta ideologia. São acusações e ataques à integridade de quem não compartilha tudo com o apoio do espaço midiático.

Estamos convivendo com uma nova forma de manipulação justificada, uma falácia, considerando que, desde sempre, o mundo se utilizou desses artifícios, mais recentemente na Segunda Guerra Mundial.

A facilidade e a impunidade estão gerando e oficializando uma nova profissão (influenciadores): a de um profissional focado no desenvolvimento de conteúdo, de sites e blogs de *Fake News* para a internet.

Trata-se de uma interação fútil sem condicionamentos, alimentada por modismos e *fakes*. E quem mais os utiliza? Jovens usuários que compartilham com os influenciadores os seus perfis pessoais nas redes sociais.

Independentemente da sua importância estratégica para as marcas, ainda assim questionáveis, os influenciadores vão além do produto que eles promovem e, usando a sua imagem, algumas vezes admirada no mundo artístico, acabam influenciando, principalmente os jovens, na participação de comportamentos nem sempre desejáveis.

O glamour e a fantasia são compartilhados sem responsabilidade, passando uma imagem ilusória de sucesso, principalmente de facilidade, em que o produto anunciado e a imitação do comportamento do influenciador é o passaporte para um mundo sem limites.

Se pensarmos que a tecnologia, na sua evolução, é constante e mutável, seu uso, independentemente da sua utilização, também evolui, trazendo alternativas que dificultam cada vez mais a identificação da sua veracidade.

As *Fake News*, apoiadas na alta tecnologia da imagem, do marketing e com o apoio tácito do mercado empresarial, passam uma percepção de valor, de qualidade e de aceitação por meio dos produtos anunciados, influenciando de forma negativa os jovens, seu público predominante, sem esquecer as crianças altamente influenciáveis.

É aqui que o conceito de que a imagem vale mais que mil palavras, conceito questionado, porém valorizado, com a utilização de vídeos e fotografias. Está criada uma tecnologia por meio de um recurso inconsciente sem credibilidade, um recurso que manipula a realidade, mas, infelizmente, gera uma motivação, um desejo de ter, de ser igual, de brilhar.

A receita está criada, e o resultado já é conhecido.

Conhecidas como *fake faces*, as mentiras são geradas com base num banco de dados, agora mais fácil por meio da IA — um risco, considerando a veracidade processada por essa tecnologia que ajuda a legitimar o seu conteúdo.

O uso indiscriminado dessa tecnologia abre espaço para sua utilização em diferentes tipos de crime, principalmente pornografia, sem que o público-alvo tenha consciência disso.

Essa nova produção de imagens e notícias falsas, não só de influenciadores digitais, gerou um grande mercado tecnológico, aliás, uma nova atividade, um mercado digital que envolve profissionais da área da comunicação e da área da tecnologia, todos trabalhando por trás dos panos e dificultando os rastros dessas notícias e dos vídeos enganosos.

A disseminação de *fake news* e de atividades paralelas não depende necessariamente da internet. A irresponsabilidade de algumas pessoas, aliada à ignorância de outras e com o apoio alternativo dos meios midiáticos de comunicação igualmente responsáveis e especulativos, completam o serviço.

Descrevemos aqui o caso emblemático da Escola de Educação Infantil Base, em São Paulo, no ano de 1994.

Duas mães fizeram boletim de ocorrência porque suspeitavam de que seus filhos de 4 e 5 anos sofriam abusos sexuais na escola. Para pressionar as autoridades, chamaram os meios midiáticos, IMPRENSA RÁDIO E TELEVISÃO.

Uma chuva de notícias acusatórias passou a ser veiculada, sem que houvesse apuração e sem que se aguardasse o desenrolar das investigações. A opinião pública, apoiada na mídia, já havia feito o seu julgamento. Notícias com fotos sensacionalistas tomaram conta das capas dos jornais de todo o Brasil e criaram um clima de caça às bruxas. A casa dos donos da escola foi pichada com acusações de pedofilia. O linchamento moral e quase físico também atingiu os funcionários da escola, que chegaram a receber ameaças de morte por telefone.

Resultado: a escola foi fechada, funcionários perderam seus empregos, e suas reputações foram arruinadas.

Ao final das investigações, ficou comprovada a inocência de todos os envolvidos, escola e funcionários da empresa de transporte, que foram devidamente indenizados por danos morais e materiais. Mas o estrago feito na vida dessas pessoas é irreparável.

CAPÍTULO 24

AS *FAKE NEWS* NO MUNDO

Começamos este capítulo como uma pergunta, ou melhor, uma questão: como será o nosso futuro, a nossa comunicação, diante da realidade do presente, na política, na vida, na evolução da comunicação no mundo global, na falta de aculturamento, na ficção diante da realidade?

Estamos vivendo uma guerra na comunicação, uma guerra entre a mentira e a verdade, corroborada e manipulada pela imprensa, uma guerra ideológica da informação apoiando e apoiada pela realidade política, de ideologias extremistas, totalitárias e populistas, omitindo-se diante de um cenário de necessidades demandadas pela sociedade.

As *Fake News*, mais que uma tendência global, são uma realidade sociológica, um reflexo que materializa um comportamento social de alguns grupos da nossa sociedade.

Talvez essa tendência seja o principal problema que tem que ser resolvido. Por quê?

"Mentira ajuda a sobrevier". Palavras de uma senhora de 70 anos, ao ser entrevistada por um repórter na Ucrânia. Diferenças sociais, populismo, extremismo, desemprego, banalização cultural, desinformação, radicalização política, violência, são exemplos de uma radicalização crescente que contraria os princípios democráticos que o mundo ou parte dele deseja por meio da liberdade de expressão, aliás, cada vez mais condicionada.

Nos Estados Unidos, pessoas, após tomarem conhecimento de uma *fake*, começaram a tomar água sanitária e injetar detergente na veia para combater o vírus da Covid.

Na França, surgiu a notícia da importância de os franceses consumirem carne bovina, pois ela provocava a imunidade contra a Covid. Na mesma *Fake*, justificavam o excessivo número de mortes na China por falta do alimento bovino. A França, uma das capitais da cultura do mundo, é o sexto país em *Fakes*.

Na Colômbia (América latina), foi divulgada uma *Fake* para que os consumidores evitassem os termômetros de checagem em estabelecimentos comerciais, inclusive, em bancos e supermercados. A notícia alertava que os termômetros podiam queimar a retina e a glândula pineal, glândula responsável pela regulação do ciclo do sono.

Cruzes na praia de Copacabana, como protesto à forma como a pandemia foi tratada no Brasil: a foto viralizou principalmente na Itália, como se a praia do Rio estivesse transformando-se num cemitério para as vítimas da Covid.

No México, circulou uma *Fake* sobre a importância do secador de cabelo na prevenção e cura da Covid. O apresentador, um médico, sugeria a aplicação diária do secador no nariz a uma temperatura mínima de 56 graus, cinco vezes ao dia, além de lavar o rosto com água fervente.

Segundo o canal da *Revista Forbes* no WhatsApp, um relatório descobriu que pessoas com nível mais alto de interesse em notícias tendem a ter maior preocupação com *fake news*. Contrariando a opinião geral, em países onde os níveis de alfabetização noticiosa são altos, as pessoas estão mais propensas a identificar conteúdo satírico, mentiras e exemplos de jornalismo pobre.

A auto exposição a notícias falsas é mais alta na Turquia, onde 49% dos entrevistados disseram que consumiram informações completamente inventadas. O número também é alto nos Estados Unidos (31%), embora não seja surpreendente, dada a explosão de *Fake News* durante as eleições presidenciais de 2016 e sua prevalência desde então. Mais surpreendente é o baixo índice (15%) no Reino Unido, se for levado em conta o nível de controvérsia em relação à desinformação durante a votação do Brexit no país. O Brasil aparece em terceiro no *ranking*, com 35%.

O relatório da Reuters deste ano teve como base um levantamento feito com 74 mil pessoas, em 37 países diferentes.

"Desde a Antiguidade, verdade e mentira se misturaram muitíssimas vezes, e _essas realidades falsas influenciaram nosso presente"_. assim já escreveu o grande historiador francês Paul Veyne em seu ensaio "Os Gregos Acreditavam em Seus Mitos?" (Unesp): "Os homens não encontram a verdade, a constroem, como constroem sua história" (EL PAÍS – Espanha).

Entendendo esses exemplos e contextos comportamentais, é fácil compreender a capacidade e a tendência de se espalhar notícias falsas, isto independentemente do nível social e cultural de alguns países ditos evoluídos. É uma forma de luta, é como combater um vírus global, uma ação endêmica similar em todos os continentes, independentemente da cultura, da informação e da língua.

Sabemos que, para entender o nosso futuro, temos que avaliar o presente nas suas três dimensões.

CAPÍTULO 25

ESPAÇO TEMPO E RELACIONAMENTO

O espaço relacionado ao cenário presente; o **tempo** associado ao presente, utilizado para avaliar as mudanças no presente; **relacionamento**, a base da interação social de acordo com uma sociedade cada vez mais individualista, egocêntrica, que prospera num mundo cada vez mais agressivo.

O relacionamento é a base de um comportamento social, um componente que fomenta e ativa comportamentos associados à conjetura econômica, às necessidades coletivas, porém, essenciais às formas de pensamento e vida.

Trata-se de uma realidade ilustrada e demonstrada por meio das experiências, dos valores coletivos e individuais, mesmo não totalmente compartilhados por uma parte da sociedade hoje dispersa, comprometida, crítica e individual.

Assim, a nossa esperança é que as novas gerações tenham consciência dessa realidade comportamental que pode mudar o mundo em que vivemos e desejamos.

Queremos um mundo que nos proporcione motivações, desejos, resiliência, entendendo que as soluções individuais não são suficientes diante de um contexto global e pragmático. Dentro dessa realidade, temos que entender e respeitar a pluralidade e agir coletivamente.

Essas considerações não são uma receita, uma solução pessoal, são apenas uma contestação, um sentimento, um reflexo de uma leitura global. Não estamos sozinhos no mundo, os reflexos são endêmicos; apenas se espalham, sem bandeiras, sem lugar para começar e terminar. Um mundo é redondo assim, a sociedade tem que ter em mente a importância do diálogo, da experiência coletiva, da cultura, necessárias para nos adaptarmos às melhores soluções, sem radicalismos, sem imposições ditatoriais, simplesmente trocando, adaptando-as à conjuntura global e à nossa realidade cultural.

Neste momento, a União Europeia desenvolveu uma linha de comunicação chamada *"Roadmap: Fakenews and on-line disinformation"*, com o objetivo de combater a desinformação, monitorando notícias falsas e adequando os sites globais à realidade de uma Europa plural, uma Europa viva e atuante, por meio de uma miscigenação de várias culturas e tendências, um problema bem mais complexo que o que estamos enfrentando no Brasil, porém sem ameaças, multas e punições.

O objetivo democrático dessa ação que demos como exemplo é regulamentar as plataformas on-line de distribuição de conteúdo, uma ação estratégica de informação alinhada e compartilhada pelas plataformas num combate às *fakes* produzidas e disseminadas na sociedade.

Nos Estados Unidos, a Suprema Corte decidiu que as plataformas e as redes sociais estão isentas da responsabilidade das postagens dos seus usuários. Ainda assim, decidiu que conteúdos ilegais postados pelas plataformas e usuários têm 24 horas para derrubar conteúdos questionáveis que atentem contra a moral, por meio de meios legais, dando a oportunidade a ambas as partes de derrubarem as postagens.

Já na União Europeia, ainda assim não na sua totalidade, não existe uma política ao combate às *fake news*. Os governos democráticos acreditam que qualquer movimento de repressão nesse sentido pode tornar-se uma ferramenta de censura que acabe favorecendo o desrespeito aos direitos e à privacidade dos cidadãos.

Esses procedimentos não impedem algumas restrições, segundo a declaração conjunta dos tribunais da Europa. Em casos excepcionais, também podem ser aplicadas penalidades e proibir discursos que incitem ódio, violência e discriminação.

Em relação ao bloqueio de sites, as entidades classificam esses atos como **"medidas extremas"** e só defendem a sua utilização condicionada à legislação e devidamente justificada.

Mais que uma ação proibitiva, essas alternativas preventivas são justificadas e direcionadas para proteção dos direitos humanos e do interesse público, nunca desrespeitando as garantias constitucionais que protejam a sociedade.

Em todos os casos, salvo no parágrafo anterior, não há medidas radicais nem de foro ideológico, medidas utilizadas para cercear a liberdade da comunicação, favorecer ideologias e impor uma censura antidemocrática.

"Os advogados Carlos Eduardo de Castro Neves**, do Castro Neves, Seabra, Luz e Zylberberg, afirmam que o maior desafio é proteger o direito das pessoas que são alvo das** *fake news* ao mesmo tempo em que são mantidos os direitos de imprensa e de liberdade de expressão, considerando que não há como delimitar tudo o que vai acontecer, pois a internet é um campo muito amplo".

Informe G1

Acreditamos que o PL das *Fake News* **no Brasil não é uma forma de valorização do jornalismo, nem um "Antídoto aos efeitos dramáticos da desinformação e do discurso de ódio na internet". Pura falácia.**

"Não podemos esquecer que o jornalismo sério e imparcial é de interesse público e é a principal arma da sociedade para combater a desinformação, além de ser um importante instrumento para o exercício do direito de acesso à informação", diz o comunicado. **Seria ótimo se fosse de fato imparcial e sem conotação ideológica.**

Para as entidades responsáveis, o ponto fundamental do PL é a remuneração da atividade jornalística por plataformas de tecnologia, como já ocorre em outros países. A remuneração da atividade jornalística pode ser um ponto positivo desde que possa regulamentar um jornalismo plural, diverso e que respeite de fato a informação.

Desta forma, acreditamos num jornalismo capaz de se opor à desinformação e aos discursos de ódio, essenciais para a manutenção da democracia.

Também assinaram o manifesto a Associação Brasileira de Emissoras de Rádio e Televisão (Abert), a Associação Brasileira de Mídia Digital (ABMD), Associação de Jornalismo Digital (Ajor), entre outras.

CAPÍTULO 26

PARTICIPAÇÃO DA SOCIEDADE

Sem querermos ser negativos, temos a sensação de que a realidade das *fakes* é sistêmica, e, por mais iniciativas que se tomem, o problema é global. Não basta criminalizar as *fakes*, acusadas por uns e outros, de propagar verdades ou mentiras. O problema é social, comportamental, e aí dependemos, sim, de uma atitude de consciência coletiva, ou seja, não dependemos de uma ação governamental apoiada em repressão e ameaças.

A sociedade tem que entender que todos, sem exceção, têm que colaborar, cada um fazer a sua parte, afinal é um problema cultural. Neste sentido, o papel do governo é desenvolver prioridades estratégicas de conscientização social, apelando para a motivação coletiva, criando alternativas visuais interativas, apoiadas numa linguagem simples, mas emocional, quase primária, uma comunicação direta, focada numa linha de comunicação lúdica racional, sem desistir de mostrar o contraponto dos negativos versos o positivo e as consequências futuras; tudo numa linguagem simples elementar, quase uma história, formato de como se ensinam as crianças por meio de uma forma virtual lúdica, buscando formas diferentes de comunicar.

Não estamos apoiando esse formato por achar que a sociedade é analfabeta funcional; apenas acreditamos num formato descompromissado, simples, hoje adotado em algumas entidades acadêmicas, mas fortemente ativo.

Para isso, precisamos de uma consciência coletiva nas escolas, nas empresas, na sociedade. Para tornar mais clara essa linha de comunicação, lembramo-nos de umas férias com uma netinha. Em determinada ocasião, ela, muito séria, chamou a nossa atenção quando deixei a água aberta muito tempo sem utilização. Não chamou apenas a nossa atenção, ela, além de nos criticar, nos alertou da importância de poupar a água, usando alguns exemplos de escassez e economia.

Ficamos admirados com a consciência social e responsável de uma criança de 6 anos. Perguntamos como ela sabia da importância da água, e a resposta foi rápida: "assisti a um filme na escola, além das histórias que a tia contou".

Esse é um exemplo simples, mas significativo do papel das escolas na responsabilidade social, na sustentabilidade e na educação das crianças. Citamos esse exemplo para exemplificar a importância de uma comunicação que vai além do ensinar a ler e escrever, estamos falando da responsabilidade social, sensibilizando e criando um senso coletivo. Temos que nos reinventar, descartar a forma antiga de educar, criar modelos que estimulem a criatividade, o aprendizado, a colaboração funcional de forma contínua.

É nesse sentido que ressalto a importância e o papel das autoridades públicas para organizarem programas e ações coletivas para estimularem a resiliência da sociedade, nas escolas e organizações públicas.

Quanto mais tomarmos decisões ponderadas e inteligentes baseadas em pesquisa e dados reais, estamos colocando o ser humano no centro, buscando otimizar capacidades inatas, inovadoras, sem repressão, sem medidas coercitivas. Oportunidades não vão faltar para mudar, estimulando o princípio básico: **só mudamos quando sentimos necessidade de mudar e se o resultado valer a pena.**

Dessa forma, estamos valorizando o princípio da relação esforço e recompensa. Obviamente, não estamos deixando às crianças a responsabilidade da mudança. Nesse caso específico, as crianças são apenas uma analogia, uma associação dos caminhos motivacionais utilizados nas escolas, como uma linha de referência estimuladora a ser seguida; o papel delas é apenas uma referência simbólica e futurista.

A sugestão da educação apoiada em ações lúdicas é uma forma de ação motivacional, dando aos participantes a iniciativa de ir mais longe, de desenvolver a sua autoestima por meio da realização e participação.

O livre arbítrio é a condição básica para que haja motivação. A premissa desse tipo de educação na sociedade é fundamental para desenvolver habilidades comportamentais e construir um pensamento crítico, um pensamento aberto ao diálogo, sem desrespeito dos seus direitos constitucionais.

O objetivo principal é impedir que plataformas sejam usadas para propagar informações falsas passíveis de punição na justiça e outros conteúdos ilegais, como difamação, divulgação de cenas de violência e incitação pública ao crime.

Como autores, a nossa participação como professores e comunicadores significa a oportunidade de deixar um legado, expresso num sentimento de solidariedade, de compromisso com a verdade, um compromisso de lutar sempre com o uso da palavra contra o cerceamento da nossa liberdade.

O nosso compromisso à liberdade de expressão não significa apoio aos discursos de ódio, às notícias falsas, ao desrespeito dos direitos constitucionais, à comunicação mentirosa cerceadora da nossa livre escolha. Mais do que isso, escrever não significa apenas contar uma história, da mesma forma não significa apenas relatar ou denunciar um fato, no caso das *fake news*. Significa explorar a raiz desse fenômeno social, um movimento que afeta as relações pessoais, a divulgação do ódio e o que ele representa de construtivo na autoestima.

Assim, um dos principais objetivos deste livro é entender os porquês de um problema sociológico, um problema comportamental, baseado no consumo e na divulgação de narrativas falsas; algumas hilárias, grotescas, inócuas, ainda assim são mentiras. Mais que um fenômeno social, aliás, é um fenômeno global, é praticado, inclusive, pelos órgãos governamentais e acobertado por uma justiça leniente partidária e cega apenas no seu aspecto simbólico.

Desculpem-nos os leitores se alguns dos nossos exemplos sejam considerados políticos. Mesmo não sendo essa a nossa intenção, somos forçados a isso diante de tantos exemplos e práticas questionáveis, utilizados pela imprensa, pelo governo e pela justiça, que não têm como ser omitidos. O nosso compromisso é com a verdade dos fatos

Eles refletem o cotidiano do momento que o Brasil e o mundo estão vivenciando. Dessa forma, o objetivo contextual deste livro é usar todo o nosso conhecimento além das considerações da sociedade para colaborar com o que chamamos de verdade, permitindo com que cada leitor faça suas próprias reflexões. Como cidadãos, desejamos entender o que está por detrás da utilização da mentira como forma de verdade, a chamada *fake news*, e da realidade que as envolve.

Estamos convivendo com um problema que está afetando toda a sociedade, todos os níveis, um problema tratado pela justiça e pelas autoridades responsáveis como crime de ódio. Ódio é crime ou sentimento? Para a justiça, um crime, cuja única solução é a punição, a prisão; uma única solução, além de simples, rápida, porém inócua, bem longe de entendermos os reais acontecimentos do que está acontecendo e fervilhando na nossa sociedade e no mundo.

A palavra verdade é, no momento, uma falácia, diante da profusão de histórias falsas. Essa situação exige um compromisso, uma ação social, fundamentada em uma política pública apoiada em decisões plurais, criativas, que vão desde as práticas ao contexto social a uma desejável política reformadora.

Cyberbullying, *Fake News* ou canalhice?

O questionamento deste título diz respeito ao caso da jovem mineira Jéssica Canedo, 22 anos, que tirou a própria vida após ser exposta a *Fake News*, ou melhor, à canalhice de um linchamento virtual.

Acho que a resposta ficou clara para todos os leitores. Ainda que, na narrativa deste livro, em algum momento, possamos tentar justificar a importância correta das redes sociais como um meio democrático da liberdade de expressão, nada justifica o comportamento desumano de um canalha que se aproveita do anonimato e de uma rede de comunicação para destilar ódio e linchamento virtual, de uma jovem que sucumbiu à depressão de tanto ódio e se suicidou.

Não há desculpa para um comportamento tão desumano, e não há nada que possa atenuar um ato tão cruel. Uma vida foi destruída, uma família foi destruída, e um sonho foi destruído. Diante desse fato, nem conjeturamos o arrependimento moral dessa besta humana, que decerto não tem consciência moral para isso. Apenas chamo a atenção de todos os que apoiam as *Fake News*, inclusive os usuários das redes sociais, da importância e responsabilidade social e humana na sua utilização.

Diante dessa situação criminosa, o que os seus usuários esperam da resposta da justiça! Sim, a mesma que quer cercear a liberdade de expressão? Agora terá motivos de sobra.

Ataques virtuais se multiplicam, desconsiderando a retórica que são fruto de um combate à política ou a algo similar, são textos, fotos, supostas conversas, que, por conta de vazamento, destroem a vida de inocentes. Algumas vezes, os vazamentos são pessoais, talvez fruto da vaidade, exposição pública e até vingança, da mesma forma, por ignorância ou irresponsabilidade. O certo é que nada justifica, principalmente, um terceiro, alguém de má índole, que se aproveita da fraqueza humana para dar vazão ao seu mau caráter.

Segundo dados do Informe Epidemiológico Suicídio e Lesão Autoprovocada, divulgados em setembro pela Secretaria Estadual da Saúde Desenvolvimento da Sociedade da Informação (Cetic.br), **houve 1.560 mortes** no Rio Grande do Sul, em 2022, uma taxa de 14,4 por 100 mil habitantes, a maior da série histórica apurada desde 2010. O índice nacional é de nove a cada 100 mil.

Ainda segundo o levantamento da SES, entre 2010 e 2019, houve aumento da incidência em todos os grupos etários, com destaque para adolescentes entre 15 e 19 anos, público mais conectado à internet, segundo o Centro Regional de Estudos.

O que acabamos de relatar não é ficção, é um caso real que aconteceu no Brasil, em dezembro de 2023, um dos mais negativos que conhecemos, considerando que houve uma vítima: o suicídio de uma jovem de 22 anos. Mais do que isso, esperamos que este texto sirva de lição para o comportamento de quem pratica, lembrando que a satisfação de uns pode ser a infelicidade de muitos.

Procure ajuda

Caso você esteja enfrentando alguma situação de sofrimento intenso ou pensando em cometer suicídio, pode buscar ajuda para superar este momento de dor. Lembre-se que o desamparo e a desesperança são condições que podem ser modificadas e que outras pessoas já enfrentaram circunstâncias semelhantes.

Se não estiver confortável em falar sobre o que sente com alguém de seu círculo próximo, o Centro de Valorização da Vida (CVV) presta serviço voluntário e gratuito de apoio emocional e prevenção do suicídio para todas as pessoas que querem e precisam conversar, sob total sigilo e anonimato. O CVV (**cvv.org.br**) conta com mais de 4 mil voluntários e atende mais de 3 milhões de pessoas anualmente. O serviço funciona 24 horas por dia (inclusive aos feriados), pelo telefone 188 e por e-mail, chat e pessoalmente. São mais de 120 postos de atendimento em todo o Brasil.

Você também pode buscar atendimento na Unidade Básica de Saúde mais próxima de sua casa, pelo Serviço de Atendimento Móvel de Urgência (SAMU), no telefone

Mais uma vez, agradecemos a leitura, ressaltando o nosso compromisso com a sociedade. Sentir-nos-emos realizados se as nossas colocações provocaram em vocês a preocupação e o envolvimento na solução dos problemas que acarretam situações nocivas a todos os seres humanos.

Queremos terminar esta obra com duas palavras que significam tudo o que colocamos aqui: **PREOCUPAÇÃO e EMOÇÃO.** Emoção de participar de um tema significativo, polêmico, muito questionável e multiplicador, que pode significar o fim das liberdades individuais de expressão e evoluir para a volta da censura. Aliás, mais que uma realidade, já é uma intimidação noticiada, ameaçando o controle da internet; uma lástima.

CAPÍTULO 27

UMA LEI E UM QUESTIONAMENTO

Cabe lembrar que a Lei n.º 12.965, de 2014, conhecida como Marco Civil da Internet, estabelece diretrizes, garantias, direitos e deveres para o uso da internet no Brasil. A aprovação da lei viabiliza o amparo judicial para reduzir a propagação desenfreada das *Fake News*.

Ainda assim, não se mostra suficiente politicamente para lidar com todas as questões relacionadas ao tema.

"Os provedores de *internet* e locais de hospedagem ficam autorizados a remover conteúdos quando comprovado que a matéria publicada seja inverídica ou alterada da realidade dos fatos".

Uma lei não pode cercear um direito constitucional, ainda que, em princípio, a atual legislação estabeleça que tanto o armazenamento de dados do usuário quanto seu fornecimento para terceiros ficam condicionados ao livre consentimento. A ausência mais efetiva de órgãos estatais de repressão especializados nesse ambiente é ainda um indicador bastante preocupante.

Por coincidência e infelizmente, nesses últimos tempos, atravessamos uma das maiores pandemias que o mundo já conviveu, um momento de comoção compartilhamento e apoio solidário, com atitudes responsáveis. Porém, não é essa a realidade no cenário atual; discursos demagógicos, falsos profetas, receitas milagrosas e *Fakes* proliferam como uma ameaça à vida, acentuando a histeria, o medo, o descontrole social.

Estamos convivendo com um inimigo invisível, porém real, em que todos, sem exceção, contaminados por uma realidade impune e demagógica, afetam a esperança e o desejo de viver. Neste caso, perguntamos: onde está o protagonismo positivo das redes sociais?

Cabe aqui uma notícia publicada pela internet e em circulação pela *Veja* e redes sociais, postada pela deputada federal Bia Kicis: "Sobre um porteiro que teria morrido em um acidente, porém a causa oficial foi atribuída à Covid-19". Junto da notícia falsa, consta um atestado de óbito falso, em que o CPF da suposta vítima não corresponde ao do nome.

A desinformação gerada pela "*Fake News*" pode gerar efeitos nefastos, desde causar pânico social, desgastes políticos, linchamentos, difamações, calúnias, injúrias.

Como já falamos anteriormente, estamos convivendo com uma das grandes mudanças sociais: a democratização da informação por meio de um espaço de informação aberto e com grande impacto positivo para a sociedade. Porém, também existem efeitos negativos, como seu uso indiscriminado, a pulverização de informações falsas, a manipulação, sem olhar as consequências que, por assim serem, produzem percepções equivocadas sobre a realidade.

Nas circunstâncias atuais, a manipulação parcimoniosa da mídia, por meio de comentários e falsas narrativas, é mais perigosa que as *Fake News*.

EXEMPLOS CARICATOS DE *FAKE NEWS*

"Você leu uma notícia falsa?

Então, baixe o aplicativo *Eu Fiscalizo* e faça a notificação da *Fake News*. O processo é rápido e fácil! Além de registrar conteúdos inapropriados, o *app* informa as datas das notificações e permite o envio de fotos, vídeos e mensagens de texto. "O aplicativo está disponível **na *play store*** e pode ser baixado em ***smartphones*.**"

Idealizado com base em um projeto de pós-doutoramento da pesquisadora Claudia Galhardi, na ENSP, o aplicativo **Eu Fiscalizo,** como já citado, foi desenvolvido para que usuários notifiquem conteúdos impróprios em veículos de comunicação, mídias sociais e WhatsApp. O app tem contribuído para que a sociedade tire suas dúvidas e obtenha esclarecimentos, informações sem critério, muitas vezes postadas por ignorância, ainda assim, promovendo equívocos ou manipulando a verdade; informações inconsequentes e nefastas para a sociedade.

Levando em consideração a importância desse aplicativo e o notório conhecimento da pesquisadora Claudia Galhardi na ENSP, recomendamos a aplicação e utilização dele.

Agradeço a pesquisadora Danielle Monteiro, da ENSP, por sua excelente publicação sobre as *fake news*, no aplicativo **Eu fiscalizo.**

Como essas informações são de domínio público, estamos utilizando as suas brilhantes considerações de Daniel Monteiro como um alerta, como um exemplo a ser considerado e seguido.

Mais uma vez, os nossos agradecimentos à tão relevante informação, que utilizamos com o devido crédito, para ilustrar neste livro a importância de se avaliar informações mentirosas e posteriormente divulgadas com falsa seriedade.

Informações nefastas que põem em risco a saúde, informações sem critério, muitas vezes, postadas por ignorância, ainda assim, promovendo equívocos ou manipulando a verdade. **Informações inconsequentes e nefastas para a sociedade.**

CAPÍTULO 28

ENTÃO O QUE FAZER?

A brincadeira virou negócio; as fofocas, a vaidade; o exibicionismo, mania, uma necessidade alimentada pelo acesso fácil aos celulares, às redes digitais, como o Instagram, o Facebook, o WhatsApp, entre outras, que convenientemente alimentam a disputa. As redes digitais agradecem, apostando no comércio e nas dúbias facilidades de acesso a informações, transformadas num comércio milionário.

Essas considerações não impedem a nossa crítica. Não é uma crítica generalizada apenas às redes sociais, ainda que elas são, na sua maioria, responsáveis por vulgarizar a informação nas mídias sociais, transformando um espaço gratuito e democrático na "casa da mãe Joana". Ela, a mãe Joana, nunca imaginaria que o seu nome fosse utilizado para caracterizar bagunça, desordem; esperamos que a mãe Joana seja, no mínimo, portuguesa, pois aí todos podem tirar sarro dos portugueses, sem ser acusados de racistas nem de praticar crime.

Continuando, as redes, na sua expansão midiática, oferecem espaço para namorar, trair, deletar, combinar assaltos, combinar manifestações, fazer proclamações, demitir, nomear, julgar, denegrir e assediar, tudo sem limites. É só escolher a programação, que é vasta, versátil, gera resultados econômicos, e o que era divertimento virou profissão. Domenico De Masi (já falecido), que nos perdoe, mas parece que as redes Sociais viraram o **"Ócio Criativo"**.

Outro problema grave que desponta é a dependência social, principalmente entre os jovens conectados. As redes e as mídias digitais comandadas por influenciadores viraram um portal de permutas, na verdade, um negócio.

Um portal de encontros e desencontros sem pedágio, um portal para o namoro físico, relacionamentos, videogame, nudez, ameaças, crimes, conversas e mudanças comportamentais, que passaram a depender das redes sociais, muito utilizadas por influenciadores, os chamados "donos da verdade", manipulando e gerando dependência, impunidade e fantasia.

Jovens e adultos não são diferentes, só que estes últimos deviam ter mais responsabilidade, e são estes mesmos, os adultos preconceituosos e ociosos, que alimentam a rede de intrigas e ódio que estamos vivendo.

Aproveitamos para contar uma história de uma parenta.

A Isabel (nome fictício) era uma parente afastada, uma provinciana que passava os dias fofocando na igreja; uma beata que, para agradar ao pároco, inventava historias e narrativos, sempre justificando para o padre que a sua participação e caridade eram importantes para resolver os eventos fictícios que ela resolvia. "Uma benção de Deus", palavras do padre, que agradecia ter alguém de tão bom coração na aldeia.

Como a mentira tem perna curta, um dia a casa caiu.

Uma sobrinha que ela criava e a apoiava nas suas fofocas foi proibida pela tia de namorar um rapaz da aldeia, pois ele era pobre e namorador—palavras da tia. A briga chegou à família, à comunidade e ao padre. Resultado: a dona Isabel perdeu o prestígio e, envergonhada, saiu da cidade e foi morar com um filho em outra localidade.

A sobrinha perdeu o dote, e o padre, o apoio da alma caridosa, inclusive o apoio financeiro. A um dos parentes, ela justificou que as mentiras eram uma forma de mostrar à comunidade e a Deus, com a ajuda do padre, como ela era piedosa e boa e, mais, como era importante para ela ser considerada na aldeia como uma pessoa generosa que resolvia todos os problemas, aliás, uma figura importante em todas as ocasiões da vila.

Analisando a situação, não muito incomum, tudo o que ela queria era prestígio, ser reconhecida, ter muita atenção, principalmente do representante da igreja, o padre.

Era má pessoa? Não!

Ela ajudava a comunidade, fazia doações, era madrinha de dezenas de crianças, participava com algum sacrifício de todas as atividades. Ela era uma idosa e uma mão na roda para o padre, sabendo que o apoio dela resolvia todos os problemas da comunidade paroquial, ainda que alguns fossem frutos da sua imaginação.

Na verdade, a mentira dela era consequência de uma obsessão: ser reconhecida e admirada. A necessidade de sentir que era importante, que todos precisavam dela, uma vaidade, talvez, provocada pela indiferença da família, dos filhos que a ignoravam e de se sentir só. Tratava-se de uma mentira que virou verdade absoluta durante anos, uma mentira sem crime, uma mentira administrada por uma senhora de idade, uma mentira inocente, inócua, que mais ajudava do que prejudicava, uma mentira que desmistifica a pseudoverdade jornalística.

São os jovens, a nova geração com mais acesso à informação, aos meios digitais, os mais responsáveis pelas *fake news*? Acreditamos que não. Mentiras não têm idade, e obviamente temos exceções, porém, no nosso ponto de vista, eles são mais focados e até mais responsáveis que os adultos.

O lado positivo é que as novas gerações, ao contrário dos mais velhos, são mais conscientes das responsabilidades sociais, dispostos a não cometer delitos, considerando que são mais tolerantes e menos preconceituosos, por outro lado, mais emotivos, defendendo bandeiras por paixão juvenil.

Ainda assim, é uma geração que diz ser mais independente, solidária, porém muito solitária e fortemente dependente da atividade digital.

CAPÍTULO 29

O QUE ESTÁ POR VIR

O futuro se constrói por meio da realidade do passado como referência positiva sem omissões, sem disfarces. O futuro não tem data para começar. O futuro que queremos, o que está na nossa cabeça, pode começar hoje, amanhã, porém é importante nunca esquecer as realidades do presente.

A autoestima, o autoconhecimento, é a base de uma construção positiva, em que cada um tem um papel, uma obrigação, começar, sem acreditar em falsas promessas, falsas crenças, uma mentira comercial que se propaga cada vez mais.

Tudo vai depender das habilidades técnicas e sociais, da educação, da saúde e tecnologia, da criatividade e inovação, uma jornada com começo, meio e sem fim, lembrando sempre que o aprendizado não se encerra nunca.

Falando em tecnologia, não podemos esquecer que a IA é uma ferramenta para ser usada no desenvolvimento e crescimento pessoal, desde que se respeite as identidades, os valores éticos e morais. Essa seria a informação correta, se não fosse igualmente uma enorme mentira.

A IA não pode ser descartada. Acredito que pode até ter uma atuação correta e legitimada, mas não podemos esquecer ou omitir que essa tecnologia, que alguns consideram a base da informação, minimiza e esconde o impacto social que essa IA pode provocar na sociedade: o desemprego de milhares de pessoas que, de um momento para outro, são substituídas por uma máquina – aliás, já está acontecendo. Por isso, é necessário o constante aperfeiçoamento para a absorção de novas tecnologias.

A IA é importante?

Não restam dúvidas, principalmente, na simplificação e complemento dinâmico de outras atividades, facilitando e desobrigando o ser humano da mecanização, ajudando atividades complementares, como na medicina e na indústria.

Mas não é essa a realidade; a IA vai substituir o ser humano, o mesmo que colocou na máquina as informações necessárias para o seu funcionamento em centenas de atividades, que vão desaparecer com uma única salvaguarda inimitável, o sentimento, as emoções o amor, talvez até a banalização dos critérios pessoais dos justiceiros, da justiça.

Esta é uma realidade assustadora, não uma *Fake*, lembrando que vivemos num país que já convive com milhões de desempregados. É mais que uma manipulação de informações, levando em consideração a orientação política, a origem dos conteúdos; uma mentira, sim, quando ela esconde que uma criação para esconder interesses econômicos de quem já fatura milhões.

E aí, governo, quais são as medidas que vão ser adotadas?

Também vai ser criado um comitê de notáveis para administrar a realidade destas informações? Realmente, precisamos de tecnologia, de progresso, mas isso só acontece quando esse progresso envolve comportamentos, respeito, principalmente, de quem cerceia as nossas liberdades individuais e coletivas com falsas acusações de *fake news*; acusações que limitam o direito de expressar, de forma simples e natural, o que sentimos em situações boas ou ruins, algumas vezes compartilhadas com ideologias similares às nossas, uma característica das redes sociais.

O oposto é também uma realidade, assim, evitamos compartilhar emoções e sentimentos, que, para nós, não trazem ou não contribuem com a nossa realidade, com a nossa consciência, ainda que algumas vezes essa rejeição lógica não seja a forma mais correta.

Mesmo querendo evitar riscos e laços de amizade, é um erro considerar que só quem pensa igual a nós merece confiança. Dá para acreditar numa saudável mudança, num mundo onde o futuro proporcionará grandes realizações e oportunidades, um mundo que valorize as pessoas com dignidade.

Recomendamos que todos leiam o *Admirável Mundo Novo*, do escritor inglês Aldous Huxley, escrito em 1931, cuja história se passa no ano de 2540.

Sentimentos quase sempre estão ligados a emoções, ao ódio, à raiva, ao amor, à fidelidade, à tristeza, à riqueza, à pobreza, emoções que alguns chamam de sentimentos rebusques, medíocres, primitivos. Não somos máquinas, e os sentimentos são sinais e particularidades de gente que acredita em valores como o amor, a solidariedade, o respeito, a família, a tolerância à ética, ao valor, à palavra dada, ao compromisso.

Provavelmente, devem estar pensando o que tudo isso tem a ver com as *fake news*. Tudo, cada um dos sentimentos, pode ser uma enorme mentira ou uma verdade absoluta, tudo depende de como cada um de nós entende e a pratica. É principalmente nos sentimentos que o ato de mentir torna-se mais presente, é um ato instintivo utilizado como forma de preservação social.

Numa avaliação ou no ponto de vista social, é condenável, mas perguntamos: quem nunca mentiu, até para defender ou preservar um amor, uma amizade, um relacionamento?

Muitas vezes, temos que entender a mentira como uma necessidade, como uma defesa para disfarçar sentimentos emoções e até preservação da própria imagem. Porém, cabe a cada um avaliar a importância e as consequências dessa mentira e até que ponto afeta negativamente relacionamentos. Há pessoas que levam uma vida de mentiras.

Obviamente, não estamos comparando a utilização das *fakes* com uma mentirinha simples, mas não devemos esquecer que ela, a mentira, pode tornar-se um problema psicológico de autopreservação, de ansiedade, até como uma dependência nociva de baixa autoestima que evoluirá cada vez mais, com danos patológicos para o mentiroso e igualmente para os seus relacionamentos, inclusive o profissional, um dano que lhe trará grandes prejuízos. Podemos chamar de mentira patológica, quase sempre associada a outros problemas, como bipolaridade e transtorno de personalidade.

Mesmo desestimulada na infância, ela rapidamente se torna presente e, contrariamente ao que podíamos imaginar, quanto mais criança evolui, mais a mentira se torna presente. Por exemplo, o que é ética? Como cada um de nós a entende e a pratica? Podemos dizer que ela pode acontecer de duas formas: desconhece e não pratica, ou conhece e igualmente não a pratica.

A ética ou a sua falta está associada à mentira quando é utilizada para uma falsa justificativa, por conveniência social ou por imagem, defendendo a sua utilização, mesmo não praticando.

Poderíamos explicar de outra forma: as necessidades são os motivadores do comportamento, no caso, mentir para defender a imagem, considerando que a sociedade está vivendo um momento de polarização política, um problema que está exacerbando as divisões políticas e sociais.

Conflitos ilustram opiniões contrárias, divergências sociais por meio de mudanças nos relacionamentos, nos valores humanos e éticos, nas competências, no relacionamento, na qualidade de vida, nos compromissos sociais.

Aí perguntamos: todos, sem exceção, estão de acordo com essas considerações, assumindo publicamente o desacordo ou a negativa, de acordo com os seus critérios e sentimentos?

Neste mundo plural e pseudodemocrático, como enfrenta a sociedade crítica, os céticos, os radicais, como ficam todos os que não estão de acordo com os critérios que regem a sociedade? Obviamente, mentindo, usando uma máscara que lhes permita viver em sociedade. Quem nunca usou uma máscara para poder sobreviver?

Normalmente, as máscaras são usadas para assunção de papéis que desempenhamos no teatro da vida, como filhos, pais, esposo, profissional e por aí vai. Muitas das profissões adotam certos estereótipos que personificam seu papel, dentro de um processo buropatológico.

Portanto, a mentira se torna uma sobrevivência, uma realidade – repetimos –, desde que ela não provoque danos ao semelhante.

Respeitando as convenções, estamos vivendo um cenário inusitado para o qual não estamos preparados, uma realidade que expõe, principalmente, a ignorância das lideranças; uma comunicação fragmentada, uma comunicação polarizada que mais confunde do que ensina.

Estamos vivendo uma guerra social no escuro, na mentira, ao sabor do improviso, da vaidade, do envolvimento no politicamente correto. Ainda que pareça um ponto importante, o politicamente correto se transformou numa forma de crítica influenciadora da censura sobre ideias e movimentos, cerceando e obrigando atividades e pessoas a se adequarem publicamente para não perderem negócios nem serem condenadas nos tribunais das redes sociais.

O publicamente correto pode influenciar negativamente negócios, criatividade e relacionamentos, impedindo a sociedade de poder expressar opiniões autênticas para não serem condenados publicamente, esquecendo que todos os cidadãos têm o direto de manifestar a sua opinião sem críticas, um direito assegurado pela Constituição Federal de 1988, como forma de preservar o Estado de Direto.

O mundo, na sua história, tem nos mostrado a importância de ter confiança no futuro, na liberdade, assegurado que essa confiança nos tem ajudado a superação de todas as dificuldades, mesmo em cenários conturbados como o nosso, acreditando que as dificuldades nos ensinam.

Mentira ou verdade? Tudo vai depender da nossa motivação, do nosso compromisso, do nosso envolvimento com a mudança.

Como diria Kotler: "Descobrir oportunidades e lucrar com elas é uma arte".

EPÍLOGO

Prezados leitores, chegamos ao final do nosso livro, e as palavras que chamam a nossa atenção são **preocupação e comprometimento,** aliás, já repetidas no último capítulo chamado participação da sociedade. Não precisamos falar do que elas representam, especialmente no contexto deste livro.

Se nos permitem, gostaríamos de acrescentar mais uma palavra: **responsabilidade** – a nossa, de autores, diante da importância e esperança que este tema, ou melhor, este livro possa representar na aceitação e compreensão comportamental da sociedade.

A evolução da mentira e seus impactos tornaram-se um fenômeno social que afeta todo o mundo, mesmo considerando que a mentira e a verdade sempre conviveram e estão presentes no cenário da nossa sociedade, apenas mudaram de nome.

Nossa grande esperança é que este livro motive a nossa sociedade, que ela acorde e reconheça riscos sociais e políticos que esse movimento, utilizado indevidamente, pode representar na vida de cada cidadão.

O que escrevemos não são narrativas ficcionais, são informações responsáveis, embasadas em pesquisas e fatos divulgados na imprensa e colocações de especialistas nos assuntos abordados. São colocações comportamentais que avaliam e analisam a responsabilidade, a motivação e os porquês da sua disseminação impactual no seio da sociedade.

Cada capítulo deste livro teve como objetivo revelar e avaliar sociologicamente os comportamentos das *Fakes* com imparcialidade, contextualizando e justificando sem comprometimento a verdade e a mentira.

Não foi fácil separar o joio do trigo, porém, propositadamente, colocamos algumas conclusões com o objetivo de surpreender os leitores em cada linha de texto do nosso livro e aí, sim, o nosso comprometimento com a verdade.

O nosso compromisso exigiu neutralidade e imparcialidade, principalmente na avaliação dos fatos, e isso significa enfrentar e reconhecer a importância que a ferramenta estratégica das *Fake News* representa hoje negativamente para a sociedade.

Apoiadas por grande parte das redes sociais, com a inexorável mola propulsora da tecnologia, as *Fakes* são hoje um braço armado de apoio ideológico e político, por meio da manipulação e, posteriormente, da divulgação de notícias falsas, de narrativas de propagação ideológica, contando, inclusive, com o apoio de uma parte da imprensa comprometida e utilizada, como mobilização política nas suas notícias falsas, nos seus discursos de ódio, no desrespeito aos direitos constitucionais da livre expressão e à comunicação mentirosa, cerceadora da nossa liberdade.

Podem até parecer óbvias essas considerações, porém o óbvio deve ser constantemente repetido para jamais ser esquecido.

Esperamos ter correspondido às expectativas que nortearam a leitura deste livro.

Muito obrigado,

Edmundo Monteiro

Raimundo Peres

REFERÊNCIAS

CIARROCHI, J. *et al.* Measuringemotionalintelligence. *In*: CIARROCHI, J.; FORGAS, J. P.; MAYER, J. D. (org.). **Emotional intelligence in everydaylife**: a scientificinquiry. Philadelphia: Psychology Press, 2001. p. 25-45.

DAVIES; STANKOV; ROBERTS; MAYER; DIPAOLO; SALOVEY. **Correlações negativas entre percepção de emoções e alexitimia**. 1990.

ELSTER, Jon. **SourGrapes**: Studies in theSubversion of Rationality. Cambridge, 1983.

FERRAZ, D. M. **Educação crítica em língua inglesa**: Neoliberalismo, globalização e novos letramentos. Curitiba: Editora CRV, 2015.

FERGUSON, M. A. *et al.* Reward, salience, and attentional networks are activated by religious experience in devout Mormons. **Social neuroscience**, v. 13, n. 1, p. 104-116, 2018.

FESTINGER, L. **A Theory of Cognitive Dissonance**. Stanford: Stanford University Press, 1957.

FOUCAULT, M. **A história da sexualidade 1**: a vontade de saber. Rio de Janeiro: Graal, 2003a.

FOUCAULT, M. **Microfísica do Poder**. Rio de Janeiro: Graal, 2003b.

GALISTEU, Renato. **A diferença entre artigo, reportagem e matéria**. 2015.

IRIS, B.; MOGRABI, D. C. **Crenças sobre emoções negativas e repercussões para a saúde mental**. 2019. Dissertação (Mestrado em Psicologia) – Pontifícia Universidade Católica do Rio de Janeiro, Rio de Janeiro, 2019.

KIZILIRMAK, N.; KÝZÝLTAN, N. EEG analysis of the effect of fake news on brain activity. **Physiolog& Behavior**, 2020.

KUNDA, Z. The case for motivate dreasoning. **Psychological Bulletin**, v. 108, n. 3, p. 480-498, 1990. Disponível em: https://psycnet.apa.org/record/1990-98171-007. Acesso em: 26 jul. 2024.

LANZARA, G.; CINELLI, M. How to combat misin formation through a cognitive and educational perspective. **Frontiers in Education**, n. 6, 2021.

LIV, N.; GREENBAUM, D. Deep Fakes and Memory Malleability: False Memories in the Service of Fake News. **AJOB neuroscience**, v. 11, n. 2, p. 96-104, 2020.

MURPHY, G. *et al.* False Memories for Fake News During Ireland's Abortion Referendum. **Psychological science**, v. 30, n. 10, p. 1449-1459, 2019.

PENNYCOOK, G.; RAND, D. G. Lazy, not biased: Susceptibility to partisan fake news is better explained by lack of reasoning Hanby motivate dreasoning. **Cognition**, v. 188, p. 39-50, 2019.

PHILLIPS, J. Religion and Psychiatry in the Age of Neuroscience. **The Journal of Nervous and Mental Disease**, 2020.

ROSE, D. E. The ethical claims of ilpensierodebole: Gianni Vattimo, pluralism, and postmodern subjectivity. **Angelaki, Journal of Theoretical Humanities**, New York: Routledge, v. 7, n. 3, 2002.

SHARIFF, A. F.; MERCIER, B. The evolution of religion and morality. **The Oxford Handbook of Evolutionary Psychology and Religion**, 2016.

SWEENEY, J. C.; HAUSKNECHT, D.; SOUTAR, G. Cognitive dissonance after purchase: a multidimensional scale. **Psychology and Marketing**, v. 17, n. 5, 2000.

Outros especialistas consultados

Della Rossa, F.; Caciagli, L.; Zani, A.; Scardigli – Especialistas em Neurociência que estudaram as crenças em ideias falsas: Como o cérebro pode tornar fake news em uma verdade absoluta.

Eugenio Bucci, titular da Escola de Comunicação e Artes da USP – Jornalista – Especialista em comunicação, ética e fake News.

Cristiane Maziero – Fundadora da Allure Desenvolvimento Humano – Especialista em Comunicação, Ética e fake News.

Gestão Estratégica de RH | Desenvolvimento de Liderança | Cultura de Alta Performance | Gestão de Talentos | Coaching Executivo | Mentoria Organacional | Palestrante Gestão Estratégica de RH | Desenvolvimento de Liderança | Cultura de Alta Performance | Gestão de Talentos | Coaching Executivo | Mentoria Organacional | Palestrante.

Simbiose sobre a abordagem em Psicanálise **Bion (1966/2007)**, **Bleger (1967/2001)** e **Winnicott (2000/2000)**.

SIMBIOSE (**MIJOLLA, 2005**; **ZIMERMAN, 2001**). Alguns autores psicanalíticos, sobretudo os de língua inglesa e francesa, dedicaram especial atenção ao estudo dessa temática, dentre eles **Fairbairn (1941/1962)**, **Jacobson (1970)**, **Klein (1946/1991)** e **Mahler (1975/1977)**.

Fairbairn (1941); **Klein (1946)**; **Mahler (1975)**.

Dr. Rafael Barioni, graduado em Ciências Jurídicas pela Faculdade de Direito de França, Gestão Financeira e Ciências Contábeis pelo Centro Universitário Moura Lacerda de Ribeirão Preto, pós-graduando em Jurimetria Aplicada ao Direito pela Unyleya de Brasília, sócio do escritório Sanchez & Sanchez Sociedade de Advogados, presidente da Comissão de Direito Digital, Internet e Tecnologia Jurídica da OAB/RP, membro da Comissão de Direito Digital da OAB/SP e representante local da Associação Brasileira de LawTechs e LegalTechs. Colunista do Portal AdvJus.

Daniel Ferraz é pós-doutor em Estudos Linguísticos e Literários em Inglês pela Universidade de São Paulo. É docente no Programa de Pós-Graduação em Linguística da Universidade Federal do Espírito Santo e docente no Departamento de Letras Modernas e no Programa de Pós-Graduação de Pós-Graduação em Estudos Linguísticos e Literários em Inglês da Universidade de São Paulo.